克里斯蒂安·比绍夫

触摸天空
抓住星星

——青少年品格塑造读本

你想要触摸天空、

抓住星星？

克里斯蒂安·比绍夫告诉你该怎么做。

真诚、合作、宽容

——就是靠这些！

本书中的 50 个故事

会告诉你更加具体的答案。

山东教育出版社

图书在版编目（CIP）数据

触摸天空 抓住星星 /（德）比绍夫（Bischoff, C.）著；宋逸伦，曲慧娴译. —济南：山东教育出版社，2014
ISBN 978-7-5328-8320-2

Ⅰ.①触… Ⅱ.①比… ②宋… ③曲… Ⅲ.①成功心理-青年读物②成功心理-少年读物 Ⅳ.①B848.4-49

中国版本图书馆CIP数据核字（2014）第045660号

山东省版权局著作权合同登记号：图字15-2012-137
版权专有　侵权必究

触摸天空 抓住星星
——青少年品格塑造读本

[德] 克里斯蒂安·比绍夫 / 著

宋逸伦　曲慧娴 / 译

主　　管：山东出版传媒股份有限公司
出 版 者：山东教育出版社
　　　　　（济南市纬一路321号　邮编：250001）
电　　话：(0531) 82092664　传真：(0531) 82092625
网　　址：http://www.sjs.com.cn
发 行 者：山东教育出版社
印　　刷：山东临沂新华印刷物流集团有限责任公司
版　　次：2014年5月第1版第1次印刷
规　　格：787mm×1092mm　1/32
印　　张：5.5印张
书　　号：ISBN 978-7-5328-8320-2
定　　价：28.00元

（如印装质量有问题，请与印刷厂联系调换）
印厂电话：0539-2925659

作者的话

当我还是一个孩子的时候，我就对成人的世界充满了期待，因为大人们总是能把故事讲得那么引人入胜。他们身上总散发出一股吸引我的气质，唤起我无尽的好奇，为我打开另一个天地的大门，让我在里面可以无边无际地幻想。不出意外地，其中一些人后来成了我心中的榜样——从他们身上我不断汲取经验和智慧，不断前进。

不管是谁，如果想要给别人指点迷津，那他首先必须得是一个好的故事讲述者。一个好的故事必须充满激情、励志、吸引人、能发人深醒、令人信服，带一点惊悚和曲折。带有警世意味的例子能完善我们的心智，或者让我们变得更具智慧，在我们心中植下坚强的种子，转为我们自己的力量。

所以，搜集各种故事吧！不管是你自己的，还是别人的故事，讲述过后都能成为你的经验。每个人在不同的生存状态下都会衍生出不同的故事，我们每个人或许都能给别人的生活提出几点建议或是有些意义的提示。但只有那些最重要的核心内容才能成为一个有趣故事的组成部分，尤其是那些能够通过含蓄的表达方式揭示真理的部分。

在过去的十五年里，我在我的篮球生涯里遇到过许多人，其中有很多都对我产生了极大的影响。他们有一个共同点——都是很棒的讲述者，充满激情——特别是在讲故事的时候。也正是他们鼓励了我，不断去搜集各种关于生活的故事。而这些故事，正是我今天要向你们讲述的。

我的朋友和教练在向我讲述他们的经历时，其实也是在向我传递他们的经验。本书中有些虚构的故事，但都是以真实的事情为基础的，都出自我的真实经历。这本书主要是为了那些对生活充满幻想、期盼在生活中发生惊喜的孩子和年轻人们而写。沉浸在那些能让你得到鼓舞、能让你战胜自我的故事中吧！或许当你读完之后，你真的能完成一些看似不可能的任务呢。

为了让生活变得更好而努力吧！

你的**克里斯蒂安·比绍夫**

目　录

1

改变一切

"在每个人心里都潜藏着一股神秘的力量，能将你的人生完全改变。"——吉姆·多诺万

某天清晨，一位父亲带着他的儿子在凉爽的晨曦中穿过村庄，来到远离村子的公路上。他们沿着川流不息的公路前行，直到遇到不计其数的青蛙蹦跳着横穿公路。这对父子很快就意识到之所以他们会看到这种场面，是因为这条公路旁边有一个很大的湖，成千上万的动物在那里繁衍后代。而当那些小蝌蚪变成青蛙后，自然会离开这个湖泊去奔向自由的新生活。不过其中有很多的不幸者，在穿越公路的时候因为和汽车瞬间的亲密接触而失去了生命。

在观察了几秒钟的青蛙迁徙后，父亲开始小心翼翼地、一只接一只捧起小青蛙，然后走到公路的另一边，放到草地上。儿子吃惊地注视着父亲的举动，最后终于忍不住问道："爸爸，你在干嘛呢？"

"小青蛙们不知道他们正在跳向死亡。它们向前的本能会威胁到它们的生命。如果我不帮他们穿过马路，它们就会被汽车轧死。"

"可是，爸爸，你又能做些什么呢？这儿有几百只青蛙都在向对面跳，你不可能把所有的青蛙都送过去，其实你什么也改变不了。"

父亲没有反驳儿子的话，继续心无旁骛地捧起又一只小青蛙走到马路对面。

"我当然可以做一些事情，比如刚才我就救了这只青蛙的命。因为我送它过了马路，所以它能够活下来，不会被来往的车辆轧死。即使我不能帮助所有的青蛙，但能帮几个是几个。在人这一生中，你当然不可能对所有人都伸出援手，但是一旦遇到你力所能及的事情，那你就应该做点什么。"

儿子思索着父亲的话沉默了一会，然后也开始俯下身把青蛙们捧到马路的对面。

每个人都有能力做些什么，让自己的生活和他人的生活产生一些积极的改变！让我们从今天就开始吧！

✎ 静心&反思

上一次你不顾朋友的冷嘲热讽去做一些看来是毫无意义的傻事是在什么时候？具体做了什么？你是如何回应你的朋友的？

_____

_____

_____

2 生命中最重要的六件事

> *"平庸的老师只会叙述，称职的老师懂得描述，出色的老师知道如何演示，卓越的老师明白如何激励。"*
>
> ——威廉姆·阿瑟·沃德

在我读小学的时候，我们班有一个很棒的地理老师。很可惜我已经记不得他的名字了。他和其他老师完全不同，包括长相。他总是穿着邋遢，头发也乱七八糟。不过或许正是因为如此，这位老师对我才会有一种莫名的吸引力。每次上课他都会给我们讲他的一些人生经历或者精心准备的小故事。他往往在讲台后面一坐就是一节课，滔滔不绝地给我们讲述发生在他周围和过往的奇闻异事。虽然我们都听得前仰后合，但其实当时班里大多数孩子并不能像他那样经历一个如此丰富的青春期。

有一天的地理课我至今仍难以忘怀。那天他来到教室，满脸倦容地走到书桌旁，在堆积的材料中摸索了好几分钟，期间甚至没有正眼瞧过我们。随着回荡在教室里的悉悉索索声越来越大，我们明白，今天恐怕学不到什么了——这节课眼看着就要结束了。

突然，老师的声音打断了我们躁动的思绪："女士们，先生们，现在请拿出白纸和笔，写出你们对下面这个问题的答案：什么是你们人生中最重要的六件事？"

我们很快发现，这是个很严肃的问题。尽管如此，班级里的嬉笑声还是十分大。

"你们可以在纸上写出此时此刻你们觉得最重要的事，"他解释说，"也可以写你们想要达成的梦想，可以写你们梦想企及的人生目标，也可以写你们认为在你们余下的人生里最重要的事。"

我个人对这个小练习并没有太大兴趣，所以就不假思索地在白纸上胡乱涂写了几句就算交差了。写完后我用眼角的余光瞄了瞄周围，发现我的好些同学们都在很认真地写这个作业。而当我们埋头疾书的时候，老师则走到右边的黑板后面，在黑板的反面写着什么。

几分钟之后，写完的人开始自由发言念出自己的答案，我当然不在其中，因为我不想在大家面前出丑。老师在黑板上记录下大家念出的答案。大约有一半的学生念出了自己的答案并得到表扬，最终大家的答案集中在以下几点上：

1. 完成学业。

2. 通过高中毕业会考。

3. 赚很多钱。

4. 做想做的工作。

5. 有个美满的家庭。

老师坐回到讲台边上，看着写在黑板上的这几句说："这些目标都不错，亲爱的孩子们，也值得你们充满期待。我在你们这个年纪的时候，和你们的想法也差不多。我把钱看成是最重要的东西。但我想告诉你们的是：一年前我最要好的朋友在一次车祸中致残，那之后他就只能坐在轮椅上度过余生。他再也不能独立做成任何一件事了，一天24小时都需要有别人的帮助才能生活下去。出事之前他是一个很成功的经理人，几乎拥有了他想要的一切东西：巨额的财富，三辆汽车，两幢住宅，围绕在身边的女人们投来的倾慕的目光。可是车祸之后，一切都变样了。上周他给我列了一张单子，是他认为在他生活中最重要的六件事，并要我转交给我的学生们。我已经替你们抄了下来。"

老师转过右边的黑板，那上面写着：

在我的人生中最重要的六件事：

1. 能用我的双手和健康的十指，抓住并感觉到东西的存在。
2. 能用舌头去品尝味道。
3. 有健全的双眼，让我能看清这个世界。
4. 有健康的双耳，让我能听到声音。
5. 有健全的大脑，让我可以思考。
6. 有健全的双腿，让我可以尽情奔跑。

即使是在我们这样一个不守纪律的班级里，也出现了一瞬间思考引发的寂静，这是我从没有体验到过的感受。

"把这些话抄下来吧，"老师建议我们说，"你们能从中学到一些对你们将来的人生有所裨益的东西。在你们生命中最重要的东西，是你们的母亲在你们出生的时候赋予你们的礼物——健康的体魄。"

从那天起，我们所有人都对这位老师产生了一种特殊的敬意。

✏ 静心&反思

在读完上面这个故事后，你对生活的态度是否有所改变？在日常生活中有什么变化么？

_____

_____

_____

_____

3 两件最珍贵的宝物

> *"有些人没有获得成功，是因为没有找准感觉。他们的想法很好，但是行动却跟不上。"* ——**吉姆·容恩**

我们生命中最珍贵的两件宝物，分别是我们的健康和我们的时间。

好好照顾你自己的身体，要把它呵护成一座宝贵的、神圣的、非常美丽的神庙，而不是一座年久失修的小破木屋。

你的身体是你生命唯一的寄托！

你可以住到另一间房子里，你可以住到另一个城市里，你可以搬到一个陌生的国家去，但你永远也无法从自己的身体里搬出去！

你的身体是你精神的依托。

只有你的身体才能把你的想法、愿望、目标和梦想变成现实。

第二件宝物就是时间，将来我们可以赚到越来越多的钱，但时间却永远不会回来。

每个人都应该用他宝贵的时间去做生命中最重要的事情。我的良师益友容·希尔马克曾跟我分享过他对于时间的以下认识：

"抓紧时间努力工作——这是你为了获得成功所必须付出的代价。"

"抓紧时间思考——这是你内心强大的源泉。"

"抓紧时间尽情玩耍——这是你永葆青春的秘诀。"

"抓紧时间阅读——这是你智慧的源泉。"

"抓紧时间让自己变得友善——这是人生的幸福之道。"

"抓紧时间去爱和被爱——这将成为你灵魂的养料。"

"抓紧时间去开怀大笑——奏响你心中的美妙音乐。"

"抓紧时间去梦想——这将助你攀上更高的高峰。"

🖉 静心&反思

从现在开始我要有意识地呵护我的两件珍宝，具体的办法如下：

_____

_____

_____

_____

_____

4 老鹰或者贝壳——你想选择哪一个?

> "港口里的船是安全的,然而因此船也失去了修葺一新的机会。"——威廉姆·希德

有一天,上帝创造了贝壳。他为贝壳们划定了生存的区域并将它们安置在海边的沙地上。从此贝壳们就开始过着一种固定模式的生活:它们张开外壳,让海水从体内流过,然后再关闭外壳。这种固定的生活方式非常简单,但也相当的无聊和单调。贝壳们每天没有别的事情可做,只是不停地重复一个动作:张开,闭拢;张开,闭拢;张开,闭拢……

之后又有一天,上帝创造了老鹰。它赋予它们一对翅膀,让它们可以飞。这样一来老鹰们就可以在天地间自由翱翔。它们的翅膀可以让它们去到任何它们想要去的地方。但为了获得这种自由,老鹰们也付出了相应的代价:每天它们都要为了生计而四处捕猎。尽管如此,老鹰们也心甘情愿。

最后上帝创造了人类,并且先让他们看了贝壳的生活,又让他们看了老鹰的生活。然后上帝对人类说:"现在你可以决定了,究竟你想选择哪一种生活。"

——取材自古印度创世神话故事

✎ 静心&反思

我想过这样一种生活:

_____

_____

_____

_____

_____

触摸天空　抓住星星

5 参加葬礼

"我并不认为人会变老。事实上，那些人只是因为过早地停止了学习才显得停滞不前了。"——**托马斯·斯特恩斯·艾略特**

对于葬礼，我们既不用怀有特别异样的心情，也不需要充满恐惧地参加。葬礼能帮助很多人搞清楚人生中什么才是更重要的。就像一句谚语里说的："当一个人能够想到并且相信自己能做到什么事时，他就一定能做到。"

那么，你想做到什么呢？你的目标、你的梦想是什么呢？

我的祖母在忍受了数月的病痛之后，平静地去世了。她的葬礼被安排在一个小教堂附近的简易公墓里举行。表情悲痛的来宾围在一起，营造出一种特殊的气氛，然后就是常见的葬礼仪式：一位教士在传统的弥撒仪式中回顾逝者一生的悲欢离合，最后祝福她能在此地获得最后的安息。

在仪式开始前我的叔叔走上讲台，表达了自己失去了从小相依为命的母亲之后的深深的悲痛。

他回顾了自己童年时和母亲一起度过的日子，母亲的照料是那么的细致入微，让他倍感安全；母亲的爱是如此的无私，不管他每天的表现是好还是坏；母亲是如此有耐心，即使当他犯下了孩提时代最淘气的错误时依然如故；母亲的双手是如此有力，能给还是孩子的他在人生路上指明方向；母亲的笑容是如此温暖，让他每天都能充满了力量和被信任的感觉；母亲是如此充满牺牲自我的奉献精神，抚养他和其他三个兄弟熬过了战火纷飞的岁月。

我静静地听着叔叔缓慢吐出的语句，突然有种感觉——我仿佛是在参加我自己的葬礼。这本该是很久以后才会发生的事情。尽管如此，我似乎已经清楚地看到了那些场景出现在我的眼前——教堂、棺材、很多鲜花和花圈、大量的来宾，而且都满脸的悲伤。我看着每一个来访者，在脑海里努力搜索，找出在我的人生中的哪一段经历和此人有关，我是在哪里认识他的，他对我的生活产生了什么影响，我从他身上又学到了什么。

随即有一个问题在我心中浮现，并且在那一天持续萦绕在我心头：我希望哪些人能出现在我的葬礼上呢？他们会怎么评价我的一生呢？

想象一下你的葬礼吧，你想要让你的人生达到什么高度？你希望你的家人、朋友和亲戚们在那一天对你抱有什么样的印象？哪几个死党和挚友会来到你的葬礼上来评价你的人生？牧师会说些什么？你有什么英雄事迹可以让他在大家面前叙述？牧师的讲话会持续多久？如果很短暂，是因为我的人生实在太过无聊还是因为可以拿出来讲的事迹本就不多？如果持续很久，那牧师是不是还得先做足功课，搜罗出足够多的事例才行？我的墓碑上会写些什么内容？想象自己的葬礼，就好比给了自己一个机会，除了可以回顾自己的人生，还可以从现在起下定决心做出改变，找到人生的方向，实现自己的目标，并且尝试各种新东西。

很多人都希望到了一定的年纪时，能做一些与众不同的事情，能把精力集中到更重要的东西上，花更多的时间和精力去做他们自己真正喜欢、真正爱做的事情，而不是把时间浪费在和别人争吵、无谓的操心或不必要的生气等毫无意义的事情上。

如果你不想在告别这个世界的时候躺在床上慨叹："如果当初我那么做了，就……"那就从现在开始改变自己吧。

当你确定想要改变你人生中的某些方面，那么就从今天开始吧。人类是这个世界上唯一的一种生物，可以通过计划在一夜之间改变生活态度从而改变自己的人生。当真的需要做出改变时，好好利用人类这种独一无二的天赋吧，千万不要对此心存恐惧哦！

✏️ **静心&反思**

在你的生活中，哪些目标是你非要实现不可的？

_____

_____

_____

_____

为此你需要什么条件？哪些情况下你可能会放弃这些目标？

_____

_____

_____

_____

_____

触摸天空　抓住星星

6 拓宽视野，面对生活

"世界上没有一个人的眼神中会没有一点杂质，除非他只将目光停留在生活中美好的部分上。" **——无名氏**

下文本是吉姆·克莱默的《猪的比喻》中的内容，由我将其归纳总结成短小的故事呈现给大家。

有一只农场里的小猪从猪圈里逃了出来。面对这突如其来的自由生活，小猪决定在农场主那纵横交错的土地上来一次远足。它选择了巨大的猪圈后面的一个烂泥坑作为这趟旅行的第一站。它在一堆肥料堆里滚来滚去，十分开心。然后它又试图爬进农场门前的垃圾箱里寻找食物。

因为不像人类那样目光远大，小猪觉得能在美丽的花园中逛一圈就很满足了，它可以自由地在花丛中用鼻子拱嗅潮湿肥沃的土地。

当小猪不久之后再次回到猪圈里时，充满好奇心的公鸡马上凑过来问它，在外面都经历了些什么。

"透过那扇巨大的窗户你都看到了什么？"公鸡兴冲冲地问道，"我听说我们主人住在一座富丽堂皇的屋子里。里面装潢着美丽的墙纸、陈列着名贵的家具，还挂着价值连城的镶着金边的油画。"

"我什么也没看到。"小猪回答说,"我只看到,到处都是污垢、烂泥和垃圾。"

✎ **静心&反思**

读完这则故事,你有哪些感想?

_____

_____

_____

_____

如果小猪有机会重新走出去,你对它有何建议?

_____

_____

_____

_____

_____

触摸天空　抓住星星

7 学会尊重

"如果我不是被迫学会了尊重别人，今天的我不知道会是个什么样子。"——约翰·沃尔夫冈·冯·歌德

我在六年级的时候随父母一起搬到了慕尼黑。新学校是伊恩州的加尔斯文理学校。第一次上课，我就跟我的宗教课老师一见如故了。他是一个非常好相处的人，他花了整整一节课向同学们介绍我并帮助我融入这个新的集体中。

两周后，当我已经熟悉了这个美丽祥和的校园时，我们的宗教课老师给我们安排了一次测验。我是一个求知欲很强同时又很好学的学生，所以答题时基本上没遇到什么问题，直到我看到最后一道题："我们学校的看门人的全名是什么？"

我偷偷发笑，心想这不会是在开玩笑吧。我知道我们学校的那个看门人，因为在过去的两周里我和他打过两次照面。他一头黑发，少言寡语，看起来没有什么特别的地方，不过他看学生的目光倒是非常友善。可我并不知道他叫什么。我怎么会知道他叫什么？他叫什么很重要么？

我当然没答出最后一题，并且因此对这次考试感到有点不悦。

考试结束后不久，我的一个同学就忍不住去问老师，试卷中的最后一题到底有什么意义。

"意义很明确，"老师回答说，"你们一生中会遇到许许多多的人，所有人的存在都是有意义的并且应当得到你们的尊重。他配得上你们的注意和关心，哪怕只是一个友善的微笑和一声'你好'。"

这一堂关于尊重的课，我永生难忘。

对了，我们学校的看门人是朗格先生——克劳斯·朗格。

✎ 静心&反思

上文中的老师出了一个什么题目让学生们感到诧异，为什么他说这个题目对学生们的人生有很重要的意义？

_____

_____

_____

_____

8 卖小狗

"我是这样的一个人，我没能力实现人生中的所有目标，我只能完成其中的一些。也正因为我无法完成所有的目标，所以我也不会让自己停下来去等待完成某些目标！"

——爱德华·埃弗雷特·哈尔

一个农场主家里有两只小狗，他想把它们卖掉。他打算在自己的农场的入口处插一块广告牌。正当他想把牌匾砸进地里时，突然感到有什么东西在拉扯他的裤子。回头一看，是一个少年站在他面前。

"我想买您的小狗。"少年说。"我的孩子，"农场主边拭去脖子上的汗水边回答说，"这两只狗可是纯种狗，值一大笔钱呢。"

少年有些失望地低下了头，然后把手伸进裤袋里捣鼓了好一会，摸出两个硬币举到农场主的面前。

"我只有59美分，不知道够不够，能不能让我看看这两只小狗？"

"当然可以。"农场主回答。然后他吹了声口哨，喊道："多利，过来！"

多利从狗舍里跑了出来，后面跟着四只毛绒球般的可爱的小狗崽。

当多利和它的四个孩子走近了时，少年注意到在狗舍里还有什么东西在蠕动着。

那是另外一只小狗崽，正在慢慢地向外爬。

它比其他的小狗们都要小，看起来是那么的无助。它从狗舍的斜坡上滚了下来，一瘸一拐地跟在其他小狗后面，尽自己最大的努力想要跟上其他兄弟们。

"我想要这只。"少年指着那只落在最后的倒霉蛋说。

农场主弯下腰凑近少年说："我的孩子，你还是别选这只了吧，它看起来活不了多久。如果你要找一只能陪你奔跑玩耍的狗，其他几只都可以。"

少年退后一步，弯下腰卷起自己的裤管。原来他从大腿以下直到脚的部分，都是用钢制的假肢支撑的。

少年对农场主说："您看，我也不能很利索地奔跑和玩耍，而这只狗需要的正是一个能理解它的主人！"

——史蒂夫·古蒂尔

✎ **静心&反思**

你的缺陷是什么？你是如何克服的？

_____

_____

_____

触摸天空　抓住星星

9 告诉他（就在今天）你有多爱他

"爱上一个不爱你的人是痛苦的。然而最痛苦的是爱一个人却没有勇气说出来你多爱他。"——**无名氏**

想象一下下面的情节：你只能再活24个小时，而且只能有机会打一个电话。这个电话你会打给谁，跟他说什么？

现在请你告诉我，为什么你要等到那个时候才打电话？为什么不能现在就把那些话告诉那个人？

我们常常在犹豫中等待着看似微小实际上却很重要的一刻。大概很多人觉得自己可以永远活下去吧，或者认为随时都可以向别人表白自己的爱意。可"随时"是什么时候呢？在不断的等待中，这个"随时"是否也会被错过呢？

有一次我去美国旅行，一个朋友给我讲述了他的故事。

我的朋友汤姆是一名社工，负责照管一些曾触犯刑律而有前科的青少年。对这些孩子来说，汤姆是他们最后的希望——要么就在汤姆的帮助下改邪归正，要么就在监狱里度过漫漫刑期。

其中有一个14岁的孩子，汤姆用尽了所有办法还是没法让这个孩子接纳他。

汤姆有一次去这个孩子家里做家访，很快发现孩子和他父母的关系很不好。

"上一次你对爸爸妈妈说你爱他们是在什么时候？你有没有因为父母为你做的事情而感谢过他们呢？"汤姆问这个孩子。

男孩睁大了眼睛说："我从没那么做过，先生。"

"我想让你这么做，最迟明天就做。"

男孩的身体和声音都在颤抖："不，我不干，"他的回答就像从手枪里射出的子弹一样干脆，"我做不到。我不会那么做的。"

"你必须试试克服自己的心理障碍，否则就没法突破自己。这关系到你的未来。"汤姆劝说道，"你要先走出第一步，然后你的父母才会同样向你敞开心扉。"

这个孩子虽然倔强，但脑子转得很快。"您最后一次和父母说这话是在什么时候？"他问汤姆。一下子，整个房间的气氛就像凝固了几秒钟一样。

汤姆不得不坦白，他也没和父母说过这种话。

"哈！"男孩带着胜利的口吻说，"那么我们打个赌吧，如果你说的话，那我也说。"

说了就做，两个人击掌为誓。

到了周五下午，汤姆就走上了去母亲家的旅程，准备和她一起过周末。他的父亲多年前就已经去世了。

好几个小时之后，汤姆终于到了目的地。当他母亲兴冲冲地打开门时，汤姆一把就搂住了母亲的脖子。

　　　　触摸天空　抓住星星

"你好，妈妈，见到你真好。谢谢你到目前为止为我做的一切。我爱你，妈妈。"

他本还想把手中那束红玫瑰塞到母亲手里，但他母亲像受了惊吓一样往后退了几步，吃惊地看着自己的儿子。这些话她从没听她的儿子讲过！

汤姆笑着，慢慢走到母亲跟前说："妈妈，我想要感谢你为我所做的一切。你是世界上最好的妈妈。我很抱歉，长久以来一直没有告诉你我爱你。"他再一次拥抱了母亲。

于是母子俩度过了他们生活中最美好的一个周末。他们笑着聊天，聊各种话题，甚至包括一些以前从没聊过的东西。就好像以前在他们之间横亘着一堵看不见的墙，而现在，这堵墙被拆得干干净净了。

时间过得很快，转眼就是星期天了，汤姆尽管不舍，还是要回去了。当他上车时，母亲站在阳台上挥手向他道别，祝他一路顺风。透过车上的窗户，汤姆又大喊了一声："妈妈，我爱你，谢谢你至今为止为我所做的一切。"

"汤姆，我爱你。"母亲感动地含着眼泪回答。

"我也爱你，妈妈，保重。"汤姆最后挥了挥手，钻进了车厢，踏上了返程。

"这个周末太棒了。"在回去的路上汤姆这样想。

几天之后，汤姆突然接到一个来自家乡医院的电话，告诉他他的母亲因心脏病突发去世了。

当汤姆给我讲述这个故事的时候，我实在记不得我是怎么坐在椅子上的了。我也不知道我应该说什么或者做何反应。

"现在，"汤姆短暂停顿了下，对我说，"过去这么久之后，丧母之痛已经逐渐缓解了，然后我突然发觉：如果我没有遇到那个孩子的话……我的母亲也不会有机会知道我有多么感谢她为我所做的事情，还有我是多么爱她。"

到你的父母身边去，感谢他们至今为你所做的一切，真诚而且毫无保留地告诉他们：你是多么爱他们。

——阿兰·席尔瓦

（阿兰和他的家人现住在夏威夷）

✎ 静心&反思

通过汤姆和他母亲的故事，你明白了一个什么道理？

_____

_____

这个道理会对你未来所做的决定产生何种影响？

_____

_____

_____

触摸天空　抓住星星

10 遵从你的心

"让梦想引领你前进，不要因为苦难而止步不前。"

——无名氏

　　麦克·沙舍夫斯基，杜克大学篮球队教练，是最受尊敬的美国大学球队教练，同时也是一名杰出的教育家。人们习惯称呼他为"老K教练"。他的执教生涯始于1975年的美国陆军学院，1980年开始担任杜克大学篮球队教练一职，至今已逾30载。在此期间，他为杜克大学赢得了3次全国冠军，并被评为全美最佳大学教练。同时他还培养出了很多NBA（美国篮球职业联赛）超级明星，比如格兰特·希尔、克里斯蒂安·莱特纳、肖恩·巴蒂尔和卡洛斯·布泽尔。麦克已成为杜克大学历史上的传奇人物。

　　杜克大学以蓝色为主色调的篮球馆可容纳9000名观众，被命名为"老K教练的场子"。不久前，NBA球队洛杉矶湖人队曾邀请老K教练担任他们的主教练，并开出了史上最高年薪800万美元，但依然无功而返。老K教练在过去的30年间亲手打造了杜克大学的篮球王朝，在余下的教练生涯里他也想一直待在杜克大学。

因为去年夏天我有幸作为一名篮球教练和杜克大学教练组一起共事了一段时间，所以有缘和老K教练相识。不过我原本并没有和老K教练分在一组。

当时夏令营已经开始有一会儿了，室外已是酷热难当，选手和教练们正在训练场内挥汗如雨，完成当天的训练内容。

过了一会儿，夏令营的负责人麦克·施拉格找到我，让我跟他过去一趟。我把手上的任务交代给副手之后就跟着他走了。当时我的心跳有点加速，因为我知道接下来会发生什么：我要和老K教练见面了！这是我期待已久的事情，也是促使我到这里来的最主要原因。

"教练想跟你单独聊聊，要我把你带到他那里。"麦克在把我领到老K教练办公室的路上跟我解释。

"你身上肯定有些什么过人之处，否则教练是不会这么做的！"

当我走进老K教练的办公室时，我的神经越绷越紧。这个地方所代表的那段历史，立刻令我陷入其中不可自拔。墙上悬挂着多到数不清的照片、图画、格言和纪录，都镶着金色画框，记录着老K教练的整个执教生涯。格兰特·希尔、埃尔顿·布兰德、杰森·威廉姆斯、迈克尔·乔丹——他们的身影都在这个办公室里成为了永恒。高雅宽大的书桌对面墙上悬挂着一块超大显示屏，两边是书架和陈列着老K教练获得的各种奖杯和荣誉证书的玻璃橱柜。

老K教练请我找个位置坐下，然后我们互相对视了一会儿。等他开始张口说话时，我的紧张情绪突然消失了。因为他给我的感觉就好像我是他一个多年的老友似的，整个房间里的气氛温馨而又令人兴奋。

我仔细听着老K教练的话，拿起一支圆珠笔，翻开笔记本开始记录。我尽可能多地记录着对话内容，每一次交流中产生的想法都让我特别感兴趣甚至有些兴奋。为了不错过任何一点有用的东西，我尽力写得更快一些。

我事先准备过几个问题，本想在偶遇老K教练的时候能向他求教。结果他的回答既清楚又简明扼要。他似乎很擅于将事情用最简单、最容易理解的方式描述出来，且在描述的时候很少出现偏离主题和冷场的情况。因此，我们之间的谈话一直是在一种兴致盎然、充满激情的状态中进行的。

"教练，你的成功秘诀是什么？"这是我最想问的一个问题。

"嗯，首先，你要找到在你的生活中能激发你最大热情的一件事。然后，你必须有一定的天赋才行，没有天赋，再狂热也是徒劳。第三，为了能以你想要的那种方式去生活，你必须足够努力地去学习。如果你能做到这三点，那你就已经比很多坐拥100万美元年薪的人更成功了。成功是一种个人的感受，你必须让自己感到满意，且心无旁骛。"

"我们如何才能取得更大的成就呢？"我接着问。

"关键是时间。成长不可能在一夜之间完成。其次是必须建立起基于互相信任的关系。第三点就是个人的信念，这很重要。最后一点就是你必须了解你的同伴，确认他不会欺骗你。"

　　我有幸和如此与众不同的一个人结识，在所有有趣的事例和因素之外，我首先学到的是：

　　"遵从你的心，因为你只能活一次！把生活中遇到的所有事情都视为一个改善自己、自我成长的机会。"

　　这是他在谈话结束时跟我说的最后一句话。

　　之后，我在自己的浴室镜子上挂了一条座右铭，每天早上我都会默念这句话："遵从你的心——你只能活一次！"

✏️ 静心&反思

老K教练为什么能取得如何巨大的成功呢？

_____

_____

_____

你每天为取得成功做过哪些努力？

_____

_____

_____

11 善待真正的友情

"用你的双手抓住你真正的朋友。"——*非洲格言*

友情和真正的朋友对任何人来说都不是理所当然的馈赠。友谊意味着将我们的个性和生活与他人分享。非得是志同道合的人才行——因为真正的友谊是没有单行线的，双方都需要为之努力。友谊是一门艺术，需要很长的时间去培育，直到建立起真正的友情。即使如此，友谊也会经常面临破碎的危险。

真正的友谊不是那么容易就有的！

我多年的好朋友，容恩·斯莱默克教练来自美国堪萨斯，在几年前向我证明了什么是真正的友谊。

斯莱默克教练在2002年入选了堪萨斯体育名人堂。今年已经74岁的他在大学教练一职上已经工作了超过40年。1988年他和其他人一起代表美国队参加了在克罗地亚萨格勒布举行的世界大学生运动会。我们在过去的几年里多有合作，不管是在德国还是在美国。在2002年夏天的时候我们曾在堪萨斯一起举办过一个篮球夏令营。

当我一周后再次回到德国时，我在一天之内收到了我的好朋友斯莱默克教练的三封来信。

三封信一起到，我简直不敢相信这是真的！我打开头两封信，里面是关于我们在夏令营共事期间我向他提出的一些问题的回复，当时他无法立刻回答我，所以现在以书信形式回复我。

　　第三封信则完全不同。他用了一个大大的绿色信封，我一看就知道这封信肯定不同寻常。当我小心翼翼地拆开后，惊喜地发现里面是一张写满了手写字的感谢卡：

　　非常感谢！

　　因为你是如此友好。

　　此刻我心中的感激之情，

　　多到难以言表。

　　今天借此卡片，

　　希望能略表谢意。

　　同时也想告诉你，

　　如果世界上的人都像你这般乐于助人，

　　世界必将变得更为美好！

　　斯莱默克教练还和他的妻子一起向我致以谢意，为了夏天那一段共事的美好时光。我被斯莱默克教练深深地感动了，同时也必须衷心地向他表示我的谢意，因为这个夏天对我来说亦是意义非凡，我获益匪浅。我除了寄宿在他们家，得到了他像对自己的孩子一般的款待外，也得到了很多其他的帮助。

　　可是他们却向我表示感谢！

　　此后的一周里我一直因为这张卡片而感到充满动力和激

情——这种正面的鼓励让你充满力量，就好像你能把大树劈开一样。

✎ 静心&反思

对你来说友谊意味着什么？

_____

_____

_____

这周你向谁表示过感谢，并且告诉他你有多么珍视彼此之间的感情？

_____

_____

_____

是谁在过去的一周里让你的内心充满能量？

_____

_____

_____

　　　　触摸天空　抓住星星

12 对人要真诚

"几乎没有人能完全理解别人给予你的东西意义有多重要，所以如果有人愿意给你什么，真诚地对待那个人吧。"

——美国前总统卡尔文·柯立芝

这个故事是我的一位女性朋友告诉我的，以下是她的叙述：

我曾同时从事两份酒吧女招待的工作。一份是冬天在一个高级饭店里，另一份是夏天在一个我朋友开的露天酒吧里。如果凑巧遇到一个下雨的晚上，我可以赚到很多钱。

某一个温暖惬意的盛夏傍晚，有一个小男孩跑到我们的露天酒吧里，找了个空位坐下。那天晚上生意很好，我们这些服务生都忙到没空去享受好天气的程度。整个酒吧里坐满了人，我们已经好几个小时没休息过了。我走到那个小男孩坐的桌子旁边问他要点些什么，因为职业的关系，我很惊讶他的父母或者朋友没有陪在他身边。

"一扎①混合可乐（可乐加芬达）多少钱？"小男孩问我。

"3.5欧元，"我简短地回答。男孩把手伸进裤袋里，然后拿出一堆硬币，小心翼翼地数着。我心里暗想，这不是在开玩笑吧。

---

① 1扎为1L（德国慕尼黑地区）。

"一小扎多少钱？"他试探着问。因为旁边还有很多顾客等着，所以我有点失去耐心了，很显然这个小男孩不会是个大客户。

"2.8欧元，"我有些不耐烦地回答，虽然这个男孩看上去其实很友好也很让人喜欢。

他摊开手，又把自己的钱数了一遍。数的时候还遮住了半个手掌，这样我就看不见他手里到底有多少钱了。

"那么我要一杯小扎的"，过了一会儿他柔声地告诉我。

我下了单，把他的混合可乐送到他面前后，就一句话也不说地走开了，把我的精力投入到那些可以让我赚大钱的顾客们身上。

在接下来的几分钟里，虽然工作繁忙，但我也不知道是出于什么原因，总是不自觉地把视线集中到那个孩子所坐的桌子上。那孩子很享受似地坐在那里，眼睛里放着光芒，脸上洋溢着仿佛能把这酒吧填满的笑容。

他的脚在桌子下面前后晃荡，在我看来，他好像为自己能坐在这么大的酒馆里喝饮料而感到自豪。

之后我不得不把注意力集中到其他顾客身上。当我几分钟后抽空再偷眼去瞄那个男孩时，却找不到他了。只剩下空瓶子还留在座位上。

我走过去，想把瓶子回收清洗干净，却突然有一种想哭的冲动，因为我发现桌子上除了空瓶子之外还整齐地堆放着3个1

欧元、2个20分和1个10分的硬币，正好是3.5欧元。

我一下子明白了，男孩并不是付不起一大杯混合可乐的钱，因为他明明就有3.5欧元。事实是，他想无论如何也要给我留一点小费。

我很惭愧，因为之前我一直只抱着那种想从客人身上赚更多钱的想法，对这位友好的小顾客的服务是如此的不周到。

那之后我几乎把这事忘了：一个笑眯眯、有礼貌、心情忐忑又兴致勃勃的男孩独自在啤酒馆里喝着混合可乐。

再后来的一个周末，那个男孩陪着他爷爷奶奶再次光顾，我请他喝了一大杯混合可乐。他的爷爷奶奶对此感到十分惊讶。

📝 静心&反思

在这个故事中，女招待做错了什么？

_____

_____

_____

你从中学到了什么？

_____

_____

_____

13 可靠的人

"一定要和那些值得信任并支持你的人待在一起。"

——无名氏

三个德国人结伴在非洲的一个野生动物公园里自助旅行。他们的吉普车在大草原上整整开了一天，直到傍晚来临时，他们才决定把车停下（虽然所有的当地人都警告过他们不要这么做），然后步行去观赏美丽的草原风光。

走了没几分钟，他们突然看到了一只狮子。

其中的两个人吓坏了，马上爬到了最近的一棵树上，骑在树干上躲了起来。第三个人发懵似地愣在了原地，当他回过神来的时候，情况已经不容许他再害怕了。被朋友们抛弃的这个人决定冒险试试唯一可能让自己活命的办法——平躺在地上装死。

狮子在慢慢地靠近他。

他深深地吸了一口气，然后尽量控制自己的身体不产生哪怕是一点细微的抖动。他的心跳加剧，"咚咚咚"地敲打着他的胸膛。"这也许是我生命中的最后一刻了。"他这样想着，整个身体也开始瑟瑟发抖。

可怕的万兽之王走过来，绕着他嗅了嗅，然后突然在他脑袋旁边停住了几秒钟。

另外两个人待在树上，惊恐地看着这一幕的发生。

狮子抬起它的右爪，拨弄躺在地上的那个人的身体，仿佛是在试探他是不是真死了。然后狮子慢慢地踱步走开，静静地消失在了灌木丛中。

"感谢上帝，你太幸运了！我们从树上看过去，还以为狮子在咬你的头。"

第三个人脸上显露出鄙夷的笑容："正好相反，狮子和我聊了几句，还对我表示了同情。"

"为什么？"其他两个人不解地问。

"因为你们俩啊，"他回答说，"它建议我，不要再和这样的朋友一起到非洲大草原上旅行。那些在有危险来临时第一时间丢下你的人，不会是你真正的朋友。"

—— **取材自某不知名的英国寓言故事**

✎ 静心&反思

这个故事想告诉我们什么？

_____

_____

_____

_____

触摸天空　抓住星星

14 日常生活中的障碍

"人生路上没有问题，有的只是各种可能性。"——**无名氏**

有一位体育老师在体育馆中央放了一个又大又重的箱子。然后他找了个地方躲了起来，以便观察每一个进入体育馆的学生的反应。他事先告诉过学生，今天安排了一节课的足球比赛。也就是说，这个箱子根本就不应该出现在场地上，而且摆在这个小体育馆的正中间，给任何一种体育活动都会造成很大的困扰。不过要把这个箱子移开，也有足够的地方，不需要花很大的功夫。

第一个学生走进了场地，径直从箱子旁边走了过去。很多学生都抱怨自己的同学和老师没有把体育馆清理好，但没有一个人自己动手把这个箱子移到别处。

最后一个走进来的是一个身材瘦削、面色苍白的男孩子。教练记得这个孩子，他平时比较安静和内向，没有什么运动天赋，在体育方面是个十足的门外汉。

当这个孩子看到这个箱子时，他直接就走过去想把它推开。这时他的那些同学们则在到处乱窜、嬉笑吵闹。

因为箱子下面没有轮子，所以靠这个孩子一个人根本不可能把箱子推到体育馆外面去。不过，这个箱子的结构是组合式的，所以如果有足够的力气，可以把箱子拆开来放进储藏间。

没有一个同学过来帮助他，尽管谁都看得出来这孩子一个人的能力实在有限。这个小家伙花了好几分钟的时间，终于把箱子拆成了几部分，然后拿到储藏间里放好。

完成这一切之后，这个男孩本想走到同学那里，却发现箱子原先摆放的位置上有一块翘起的金属片。于是他又转身过去，走到箱子原先摆放的那个位置。

他小心翼翼地拔掉了那块金属片，发现下面放着5欧元钞票和体育老师放置的一张纸条。纸条上写着：这笔钱是奖励给那些靠自己的力量把箱子移开的学生的。

这个孩子所学到的东西，是我们很多人至今都没有学会的：人生道路上遇到的每一个障碍，都是一个让我们变得更好的契机。人生路上没有问题，有的只是各种可能性！

看完这个故事后，你打算在以后的生活中如何让自己变得与以前不同？

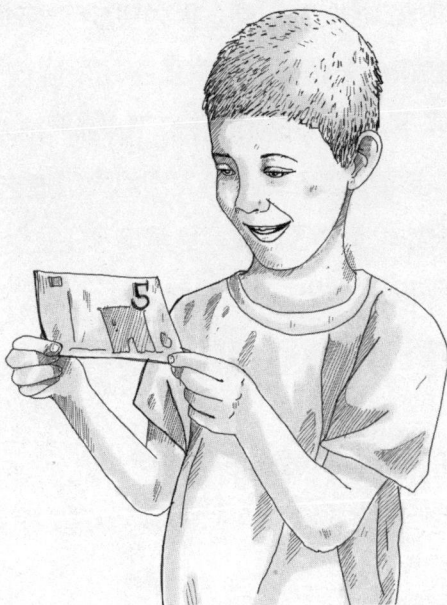

_____

_____

_____

_____

_____

15 坚持不懈，必定成功

"成为冠军的人，即使他已经不能再战，也会站起来面向对手。" —— **杰克·邓普西**

去年夏天我在自家门口认识了一个小姑娘。当时我正要开车出门，她正好从街角处转过来。她背着印有校名的书包，骑着独轮车，聚精会神地试图保持平衡。因为要双手划动保持平衡，所以她的速度一会快一会慢。然后就发生了下面这一幕场景：她从独轮车上掉了下来——不过她在掉下来的同时站住了，所以没有受伤，而独轮车则倒在地上，发出巨大的撞击声。

这个女孩把独轮车扶了起来，继续骑了上去。

"你玩的不错嘛。"当她骑过我面前时，我对她说。

"谢谢，我爱这玩意。"她直视着我回答说，完全不看路面。

"你玩这个多久了？"我很好奇地问。

"一两周而已，"她回答说，"每天15分钟，就在我从学校回家的路上。"

"祝你玩得开心，"我在后面对她说，因为她此时已经几乎要消失在下一个街角了。

之后我再没见过这个孩子。不过我有一种感觉：她一定会成为一个很棒的独轮车手。

为什么？因为她完美地利用了那15分钟，让自己把独轮车骑得更好。

这件事也让我受到了几点启发：

如果一个人能每天坚持花15分钟去做一件事，那么不久之后他一定能变成这方面的好手！

如果一个人每天花15分钟学习外语，他很快就能像自己希望的那样说得很流利。如果一个人每天花15分钟学习乐器，那么很快他就能达到自己想要的那种熟练程度。如果一个人每天花15分钟慢跑，那么他很快就会变得苗条而且健康。

同样的，如果每天花15分钟骑独轮车，那么在一到两周之内你就会证明自己接受新事物的能力是多么的强。

这个女孩的事例还向我证明了另外一些道理。

决定一个独轮车运动员是庸手还是好手的原因只有一个：当一个独轮车好手从车上摔下来时，他会再次骑上去重新开始。再掉下来一次，他就再骑上去一次。他不会因此而失去信心，更不会因此而选择放弃。这就是差异产生的决定性因素——坚持和毅力！

你也可以找一件你最想做或者最喜欢做的事情，然后告诉自己每天要花15分钟去做这件事。在此期间不能因为遇到挫折就放弃，而是要越挫越勇，知难而上。人生的道路上没有可以一步登天的升降机，你必须一个台阶一个台阶地往上走！

去做个最棒的独轮车手吧！成功必将属于你！

✏️ **静心&反思**

这个故事背后的主旨是什么？

_____

_____

_____

_____

_____

触摸天空　抓住星星

16 这件事有没有积极的一面？

"我们不能控制风往哪里吹，但是我们可以调整风帆的方向。" —— **无名氏**

这个游戏能让那些易怒的人换一个角度看待日常生活。我们每个人平常或多或少都会遇到一些让人心态失衡、感到不爽的事情。而这些困扰我们的局面，往往使我们感到无能为力。随着愤怒的种子在心底生长，我们逐渐变得不安，内心失去平静，变得不再友好。

比如超市里的收银柜台前经常会排起长蛇阵。这让有些没什么耐心的人经常抱怨："怎么那么久还没好？我赶时间啊，不能一直耗在这里等下去。"

然后这种不满会逐渐累积变成愤怒，直到爆发成争吵——将责任归咎于超市方面的效率太低，不愿意在一个柜台忙不过来的情况下，多开几个收银台，对顾客缺少起码的尊重。每天我们都会遇到这类浪费我们时间的事情，我们也常常因为这些事情失去耐心，只看到事情消极的一面。

而我会从另一个角度看这类问题。当我推着自己的购物车排在队伍的末尾时，我会问自己："看样子我要多等几分钟了，这件事有没有积极的一面呢？"

然后，我找到了3个可能的答案：

1. 至少我学会了保持耐心和内心的平静。

2. 我可以借此机会观察周围的人并研究他们的行为，没有什么事情比这个更有意思了。

3. 如果可以的话，我能用尽量平静的态度和和善的口吻，说服售货员们再开一个收银台，这对他们提供更好的服务也有好处。

不过，这类办法也不是百试百灵的。生活中没有什么办法是百试不爽的！但只要我们用这种方式去思考，总能在这样或那样的困境中找到一些积极的因素，我们的思想也会因此变得更成熟，学会如何不因琐事而失去冷静的心态。

当然，你可以自己决定如何玩这个游戏。

同样的场景也在我的执教过程中屡见不鲜。有一次我安排一组队员学习新战术，其中年纪最轻的一个人在步伐移动方面始终不顺利，当他看到其他4个人的进展都开始超过他时，他更加着急了。所以当有一次跑位错误之后，他终于忍不住爆发了。

我把他拉到一边，看着他的眼睛平静地对他说："我不认为你应该对自己感到失望，你瞧，你比在场的任何一个人都要年轻，或许你可以想想看：一下子掌握不了跑位的节奏可能并不全是坏事吧？"

他有些疑惑地看着我，因为他原以为等着他的是一顿臭骂。不过他很迅速地得出了3个答案：

"看起来，我还需要更多的训练才行。我还需要更有耐心。如果最后成功了，我能获得更大的成就感。"

每个人都有能力把日常的小牢骚转变为积极的心态，而这种心态能使他们的内心也变得强大起来。

✎ 静心&反思

为什么说把日常的小牢骚转变为积极的心态很重要？

_____

_____

_____

_____

当你下一次遇到糟糕的局面时，你打算怎么做？

_____

_____

_____

_____

17 用积极的心态应对挑战

"你并不会因为比别人更优越而显得高贵。高贵是指：你比昨天的自己变得更好。"——**亚洲格言**

我是容恩·斯莱默克博士，来自美国堪萨斯州的恩波利亚市。我的父母教导我：要在生活中学会寻找美好的东西，要把注意力集中在积极的一面上。因此我自创了一个小游戏，取了个名字叫"积极的一面是……"。接下来我就向大家讲述一下，我的生活和思想是如何受其影响的。

我从事篮球教练和老师的工作已经有44年了。在此期间，我只因为生病请过一天假！而且我从没有看过医生！我不必去看医生，因为我不想成为一个病人。相信我：当你不想变成一个病人时，头痛和流感之类的小毛病就不会经常找上你。我一直都认为，这类小毛病受精神影响的因素极大，而我可不希望因为这些小毛病害得自己躺在床上错过美好的正常生活。

我已经59岁了，所以我妻子经常催促我去接受身体检查。

"为什么我非得去接受体检？瞧瞧我，我非常健康，而且身材匀称。"我表示反对。

"容恩，我已经预约好了。"妻子不容我反驳。

"你已经60岁了，对自己的健康可不能马虎大意！"我的爱人唠叨了很长时间，直到我服软同意去进行体检为止。

　　几天后，按照事先约定好的时间，我心急火燎地赶到医生的办公室，因为同一天我的球队有一场在佛罗里达的客场比赛。当我走进房间时，里面空无一人，桌子上摆着一本大部头的书。我看了一眼封面，上面有几个大字——前列腺癌，下面写着好些我看不懂的符号。我一下子就感到浑身不自在，难道这是在暗示什么？

　　10分钟后我得到了一个让我难以置信的消息——我得了前列腺癌！

　　我？一个几乎从不生病从不看病的人，怎么可能得这种病？我的世界观一下子崩溃了。当我带着医生的建议和忠告离开诊所时，心里完全是一片茫然。

　　这时我心里那个积极的声音又响了起来："容恩，已经发生的事情没有办法改变了，但是你可以调整自己的心态！或许还有积极的一面呢？"

　　于是我下定决心，鼓起勇气回到家。在医生告诉我这个晴天霹雳之后半小时，我独自坐在家中的写字台旁，在一大张白纸上挥笔疾书。

　　"当我得了前列腺癌时，还会有积极的一面么？"我把这几个字大大地写在了纸上。我开始想，很努力地去想！只有去努力想的人才能得到答案！

一个又一个想法开始跃然纸上：

"我在一刹那间明白了生命的宝贵。"

"我现在明白了，生命中的每一天对我是多么的珍贵。"

"我要花更多时间去关爱我的家人和朋友。"

"在这星球上度过的每一天都要用感恩的心去对待。"

当我列举的内容超过50条之后，每多列出一条我心里就多滋生出一份自信。我的坐姿也逐渐变得笔直而且坚定！源源不断的力量又在我心中聚集，我的脸上又重现坚定自信的神色。

引导我在人生路上不断前进的自信，此时也再一次从心底爆发出来！我的斗志又被点燃了！

然后我在纸上写下最后一点："容恩，是时候开始新的征程了，你一定会赢的！"

最后我用尽全身力气、感觉和注意力写下这一行大字，向我体内的癌细胞传递了我的态度："我会在后面狠狠踢你屁股的！"

从这一刻开始，我知道癌细胞已经没有机会打垮我了！这个游戏已经结束了，而且结果已经注定了！我需要做的只是勇敢地面对就行了！

接下来的日子对我来说特别艰难、不安而且痛苦：我不得不摄入雌性荷尔蒙，让肿瘤缩小。这种荷尔蒙具有很强的副作用，会导致剧烈的情绪波动和体温升高。我向所有的同事都隐瞒了我的病情，始终用一种乐观、积极向上、笑容满面和善解人意的态度去面对我所遇到的每一个人。每个人都觉得我的状态一如既往的好。可我内心深处知道，我和从前的我已经不同了。

3个月后肿瘤缩小达到了预期的效果，我可以接受手术治疗了。那次手术持续了很久，而且难度也不小，不过还算顺利。手术费用很高，而且我要自己掏腰包。

我问自己："现在你还觉得有令你欣慰的事么？"

我是这样回答的："你瞧，医生做一个手术收了我30000欧元！这些钱一定对他很重要。"

有时候，我们必须想得简单积极一点，要用轻松的心态去面对困难，找到其中积极的一面。

那之后我就开始了漫长的恢复期，我还要度过8年的潜伏期，才能确定自己是否痊愈。

这还不是全部——术后2个月，我的妻子谢尔丽在一场篮球比赛期间心脏病突发。我不得不在医院里照顾她——比起我自己来，我更关心我的妻子。

"为什么总是我们？"我常常这样问自己，"我们的命运就该是这么艰难么？我们才刚度过人生中的第一道难关啊！"

感谢上帝，谢尔丽的心脏病最终治愈了！我对上苍充满了感激，因为她是我在这个世界上最重要的人。

谢尔丽逐渐康复了，生活变得有规律，还戒了烟。这两件事在过去的50年里她都没能做到！但现在我的妻子却学会了善待自己的人生。

可是糟糕的事情还没有结束：4个月后我接到了我儿子从堪萨斯城里打来的电话，告诉我说他那6个月大的孩子，我的孙子，因为先天性疾病突发而夭折了。

"这不是真的。"当我们准备启程去见孙子最后一面时，我向谢尔丽哭诉。

2个小时后我们最后一次见到了我们的小孙子。当我再一次把这个可爱的小家伙抱在怀里时，他已经死去了，身体冰凉。我觉得心中的世界又塌了一块。

"现在你还觉得有积极的一面么？"我心中的另一个自我又开始质问我。

然而此时我已无力挣扎。

"没有什么令我欣慰的事了，我的孙子死了！"我在心中不停地大声呼喊。

三年后，我才发现这件事情中积极的一面，让我的心情稍感安慰：我那个身为医生的儿子在这件事情之后潜心研究，治愈了数以千计的患有这种先天性疾病的新生患儿。他将发生在自己身上的痛苦回忆转化成了造福他人的动力！

或早或晚，我们在各自的人生里都会遇到各种挑战。每个人都必须勇敢面对。尽可能快地学会用积极的心态去应对挑战吧，假如你一直活在负面的悲伤里，那生命对你而言就太过短促了。

—— 容恩·斯莱默克博士

✎ 静心&反思

你在人生中遇到过哪些挫折？你是如何熬过去的？你从中学到了什么？

_____

_____

_____

_____

_____

_____

18 激励他人

"力量不会被传递，只会被唤醒" —— **格奥尔格·毕希纳**

从前有一个小男孩，他整天只顾着敲打自己那面铁皮鼓，乐此不疲。世界上没有任何事情能影响到他，尽管有很多人试图这样做过。

第一个男人走过来告诉这孩子，长时间打鼓有损听力。可惜这孩子既不是科学家也不是老师，没法理解这么具有前瞻性的建议。

又一个人走过来跟孩子说，鼓是人们只在特定场合才会使用的乐器。第三个人更夸张，直接在旁边摆开始卖耳塞。第四个人送给孩子一本书劝他阅读。第五个人则想让这个孩子的敲打更有计划性，把他打鼓的欲望有效地控制起来。然而他们都失败了，这个孩子仍然在勤奋地打着鼓。

最后终于有一个智者来到孩子面前，给了他一个锤子和一把凿子，然后告诉他："我花了一辈子的时间希望能搞清楚鼓的里面究竟是什么样子的。打开来让我看看吧，我们一起研究一下！"

问题一下子就解决了！

行之有效的个性化管理方案中大都包括了如何激励他人的内容。这些方法都明确了激发求知欲和引起好奇心的重要性！这些方法都给人们一定的想象空间，并且鼓励他们去追求自己所认定的目标。拥有相同目标的人会相互吸引，相互激励，聚集到一起实现更大的目标。比如，一个团队可以做的事情，就远大于一个人可以做到的事情。

吉姆·容恩曾说过："只有那些充满真情又精心设计的语言才会真正触及他人内心深处。"

能做到这一点的人，就能帮助别人实现他们的梦想。

——*史蒂夫·古蒂尔*

✎ 静心&反思

想象一下：如果你想传授经验给其他人，比如你的朋友或同学，你会怎么做？

_____

_____

_____

_____

_____

19 圣诞老人

"地球上有3种人：

相信世界上有圣诞老人的人；

不相信世界上有圣诞老人的人；

圣诞老人。

作为教练、老师或者教育工作者，我们每天都在扮演圣诞老人的角色。"

这段话是我的挚友、74岁高龄的美国堪萨斯大学篮球教练容恩·斯莱默克博士在一次篮球夏令营的开园仪式上对我们这些参加培训的教练和工作人员们说的。

对职业体育来说，胜利是唯一的目标。所以人们习惯用结果去评价一个教练的好坏——事实上也应该如此。但对面向青少年的教练、老师和教育工作者来说，结果的定义就不那么清晰了，也就不能用这种评判方式去判断他们的工作了。

当青少年处于青春期时，他们对未来的方向感到迷茫，只能坐在家里寻找可以模仿的偶像。此时担任他们导师的人身上的担子之重可想而知。

回顾我迄今为止的执教生涯，我总结了以下几点关于青训的经验之谈：

老师在某些层面上可以说会起到决定性的作用；

他能决定选手的未来是阳光灿烂的还是乌云密布；

他能教会孩子如何处理人际关系，是待人如夏天般热情奔放，还是如冬天般冷若冰霜；

而当训练结束时，他还能判断出选手究竟是表现出了足够的自信和激情，还是显露出了无尽的自怨自艾。

"平庸的老师只会叙述，称职的老师懂得描述，出色的老师知道如何演示，卓越的老师明白如何激励。"

我经常这样问自己：当我的生命走到尽头时，我该怎样去总结自己的一生？

得到很多奖杯——这当然很好；

拿了很多次冠军——这种感觉很棒；

上过报纸头条——这无疑是一种荣誉；

当然，财富对每个人而言都很重要。

然而，这些问题到最后都会归结成一点：我的生命中是否有一些与众不同的美好回忆？

✏️ 静心&反思

对你而言，下面这些人就是你生命中的"圣诞老人"：

_____

_____

_____

_____

_____

20 生活中的回声

"改变的不是这世界，而是你自己。"——无名氏

一位父亲带着自己的儿子去爬山。在向山顶前进的过程中，他们选择了一条人迹罕至的羊肠小道。没过一会儿，小男孩就不小心摔了一跤，崴了脚，疼得"啊啊！"大叫。

让小男孩感到意外的是，他听到在山上的某个地方也同样发出了"啊啊"的声音。

小男孩害怕地大声喊："嘿！谁在那儿？"

马上就有声音回答他："嘿！谁在那儿？"

这个回答让小男孩非常郁闷，他随即大声吼道："笨蛋！"

"笨蛋！"对方原样奉还。

小男孩睁大了眼睛望向自己的父亲问道："这是怎么回事啊，爸爸？"

父亲对儿子可爱的举动感到好笑，回答说："儿子，接下来你要注意看哦。"

然后父亲大声喊："我很佩服你！"

"我很佩服你！"同样的声音随即传递回来。

"我是最棒的！"父亲又喊道。

"我是最棒的！"依然是同样的声音随即传来。

　　儿子感到很诧异，但仍然没明白是怎么一回事。

　　父亲向他解释说："这就是回声。但其实这更像是人生。生活会根据我们每天的所作所为给予我们相应的回报。你今天的人生，基本上就是你过去至今付出的努力所得到的相应回报。如果你想交到真诚的朋友，那么首先你自己要足够真诚而不是满口谎言；如果你想交到成功的朋友，那么你自己必须先成为一个成功的人；如果你想要和聪明人做朋友，那么你自己就必须得是个聪明人。"

　　他继续说道："我的孩子，你要记住一个放之四海皆准的生活真谛：人生就是个种瓜得瓜、种豆得豆的过程，好或坏都由你自己决定。所以我们要做一个真诚、积极向上和令人信赖的人。你肯定想象不到拥有这些优点会让你的生活变得多美好。"

　　看着还坐在地上的儿子，父亲笑着伸出手说："现在感觉好点了吗？"

　　"是的，爸爸。"儿子抓住父亲的手站了起来，"我今天跟你说过我有多么爱你么？"

——汤姆·休斯

　　（汤姆·休斯是美国乔治亚州一所高校的老师和篮球教练）

山谷的回声和我们的生活有什么相似之处?

_____

_____

_____

_____

_____

你对此有何感想?

_____

_____

_____

_____

_____

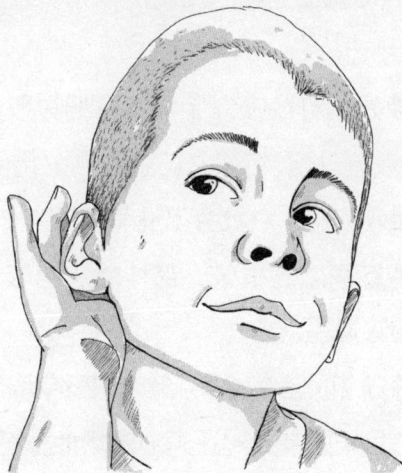

21 向着目标，一往无前

"伟大的成就源于无数次伟大的失败。"
—— *亨利·沃德·贝彻*

在一次国家队选拔赛中（这对每个参加者来说都是很重大的比赛），我第一次见到了那个之后我经常遇到的男孩。

他是我们对手队里的一员，主要负责场上的进攻组织。不过他除了年纪比对手要小两岁外，身体对抗上也很吃亏。我的队员充分利用了他的这个弱点，对他进行紧逼防守，强迫他出现了很多失误，切断了他和队友间的联系，使他无法有效地组织进攻。

几乎每个被我们打败的对手，都会把失败看成一件很糟糕的事情。很多孩子在比赛结束之后就跑到父母面前去说："我受够了，真没意思，我们一点机会都没有。"

即使在比赛结束之后很久，这种想法也依然会留存在我们的大多数对手的脑海里。

然而这个孩子的反应完全不同。比赛结束不到5分钟，他已经振作起来，并且和朋友开始在旁边的场地上打半场比赛了。

他打球是为了梦想——成为职业篮球运动员的梦想。

在经历了一次失败之后，他只花了很少的时间就重新振作起来，继续向前看。在其他失败者还在沮丧和反思的时候，他已经重装上阵，继续为自己的梦想开始努力训练，继续向上攀登了。

半年后，我前往巴姆伯格担任教练，主要负责德甲职业队的梯队建设。对参加这类梯队训练的年轻人来说，大量的训练是不可或缺的，并且从每天的一大清早就要开始。

开训的第一天，我去了体育馆，准备安排选手们的训练课程。

然后我又见到了那个男孩。当时他已经12岁了，比周围的大多数选手小3岁左右，身材上更是矮了许多。并没有人要求他参加这次训练，也没有人邀请他，甚至都没有人注意到他的到来。可他自己主动来了，就站在那儿。他是来毛遂自荐的。

"教练，我能和你们一起训练么？"他毫不胆怯地问我。当时的时间是早上6点半——诸位应该能想到我的答案吧。

在接下来的几年里，他并没有得到球探的青睐，在选拔队里也没有什么出彩的表现。与此同时，他的一些同龄人已经在全国性比赛中成为瞩目的焦点，吸引到来自各界的目光和赞誉，甚至已成为报纸和电视报道的对象。不过，那个男孩身上还依然保留着一些他的竞争对手们不具备的特质——逐梦之心和顽强的意志。

他依然日复一日地刻苦训练——即使没有人督促他，每天他都比前一天变得更好。

直到上个赛季，他终于成为了国家青年队中无可争议的王牌选手。经过了15年的努力，他终于成为了球队的队长、场上的指挥官和球队组织者，他终于实现了在让队友变得更好的同时也让自己变得更好的目标。

在一场重要的比赛中，他一人独得32分，震惊全场，也第一次让球探们感到大跌眼镜。而这只是他走向成功的第一步而已。

这个特别的孩子名叫法比安·布鲁丁。法比安之所以能在运动生涯中取得成功，关键是因为他一直保持着正确的态度，不纠结于一时的成败和对失利的惋惜。即使是在最困难的时候，他也没有放弃过对目标执着的追求。

前进的道路总是布满荆棘，如果没有顽强的斗志和坚持不懈的毅力，那么你肯定无法攀上任何高峰，也不可能在任何一条路上走太远，更不可能实现你的人生目标。

如果你能找到一个能让你感到兴奋、能激励你自己、值得你为之投入时间和精力、能让你放弃睡眠时间去追逐的目标——那么这个目标也一定会让你每天都比别人起得更早。

✐ 静心&反思

你想为之奋斗终身的目标是什么？

_____

_____

你为实现这个目标做过什么?

这个目标为什么值得你为之付出努力?

22 努力的尽头就是成功

"给一个人一条鱼，他只能拥有一条鱼；教会一个人打渔，他能拥有无数条鱼。"——无名氏

在我七年级的时候，我遇到过一位德语老师，她的形象至今仍深深地印刻在我脑海里。她每天都打扮得非常时尚漂亮，每次上课她都能吸引我的注意力，因此我也很喜欢上她的课。有一次她给我们布置了一个写作测验，要求我们写一篇文章，至少要写满5页纸。这实在是很难的一次考试啊！

考试前，这位老师心血来潮地提出：她要选出3个学生和她打赌。如果这3个学生中的任何一个人赢了，迈耶女士——也就是我们的老师——就奖励胜利者一大袋小熊软糖。我是被选中的3个孩子中的一个。当被问到要以什么作为打赌的内容时，我自信地宣布："我打赌我的卷子里不会出现超过3个混淆das和dass用法的错误。"

令我喜出望外的是，迈耶女士答应了我的提议。"赢定了，"我在心里喜滋滋地对自己说，"我不会输的。"

第二天我们进行了写作测验。交卷时我很自信，因为我在写作时特别注意了，尽可能在我不确定是该用das还是dass的地方少用这两个词。

看来我赢定了，小熊软糖和同学们的羡慕都是我的了！我心里这么盘算着……

很快到了公布成绩的那天。迈耶女士带着批改好的卷子惬意地坐到讲台前，又仔细看了一遍那3篇和打赌有关的答卷。我的那篇被放在了最上面。

"我数一下，1、2、3，正好有3个地方das和dass用错了。"她看着我说，"恭喜你，你赢了。"

我骄傲地挺起胸膛走到讲台前，接过卷子和象征着胜利的小熊软糖。我在走回自己的位置上时，用胜利者的眼神扫视了一遍我的同学们。此时我已经不在乎自己的分数是多少了，重要的是我赢了。其他两个同学都输了，而我是唯一一个获胜的，这让我感觉自己就像是个国王！

等到下午放学回到家，我第一时间冲到自己的书桌旁，从书包里取出软糖和卷子，打算从头到尾再看一遍，因为我实在太享受这样的感觉了。

嗯，第一个用错了das和dass的地方是因为粗心造成的！

啊！第二个用错的地方，其实我是知道这里该用什么的！

第三个错误！天啊！我怎么会犯这么低级的错误？！

就在我快要看完的时候，我突然吃了一惊。因为我发现在文章的末尾，我还有一处地方用错了。不敢相信这一切的我又仔细看了一遍，才确信了这是事实。第4个错误！迈耶女士一定是漏掉了这个错误。

第二天一早，我赶在上课前，带着试卷和小熊软糖跑到教师办公室把来龙去脉告诉了迈耶女士。

"我想把软糖还给您，因为我不配得到它。事实上，我的文章里还有第4处错误，您没发现。"迈耶女士仔看了看卷子说："这是我的错，没关系，软糖你还是拿去吧。"

我看着迈耶女士，她根本不像是漏掉了我的这个错误。她明明早就知道了，却没有点破，或许是希望我不要因为打赌失败而过度失望，不想让我感到太过失落。察觉到这点的我一下子有点回不过神来。

以我当时的年纪，也不知道如何作答才是最恰当的。

"好吧，"我懵懂地答道，"非常感谢！"然后我就出去了。

下午回到家之后，我坐在书桌前，这时弟弟走了过来。

"看这里，弟弟，"我对他说，"我要送你一大袋小熊软糖，快过来尝尝。"

我不想要这袋糖了。

为什么呢？

因为我不配得到这个！我加入了赌局，然后输掉了，这些我心知肚明。同学们的赞许和老师给予的奖品，此刻对我而言就没有任何意义了。因为这不是我应得的。迈耶女士希望我能因为软糖而感到开心，所以故意让我赢了。她想让我开心一点。

可是，或许她在所有人面前这样说会让我觉得更高兴："克里斯蒂安，很抱歉。可惜你答错的地方太多了。希望你下次能更努力，再努力一些，注意力再集中一些，那你就能赢得这个赌注了。"

有一点我此后始终相信——我必须更加努力，直到我能凭自己的真本事堂堂正正地赢得赌注。

不是只有设定的目标才是目标，实现目标的过程本身也是目标的一部分。那种深入到你内心的满足感和安全感，才是真正值得你自豪的感觉！

✎ 静心&反思

你是否也遇到过和作者相似的遭遇？当时你是如何反应的？如果换作现在的你，反应是否会有所不同？

_____

_____

_____

_____

如果你的答案是肯定的，那么为什么会有所不同？

_____

_____

_____

23 消除隔膜

"生活中的赢家往往不是那些最强悍、最麻利或者最聪明的人，而是那些始终坚信自己会成为最后赢家的人。"

——布莱恩·特雷西

在竞技体育中，自信是非常重要的。越是相信自己的人，越有可能击败对手。尊重对手是必须的，但是并不能因此惧怕对手。如果你确信自己能赢，那你就能赢。假如你怀疑自己，那么比赛的结果也多半会不尽如人意。要是你想赢，在内心深处却有所怀疑，那你就肯定无法成为胜利者。

我一直坚信，成功源于信念，取决于每个人意志的强弱。越早理解这一点的人，就能做得越好。

我在小时候已经深刻理解到了这一点。当时我才12岁，我和父亲约好在暑假一起去骑车旅行。我们家住在萨尔州，与法国的边界相距150千米。我父亲是个非常优秀的自行车手，他为我们的旅程规划了一条很棒的线路。我们打算花两周时间一起横穿整个法国到达巴黎。然后我们再前往靠近大西洋的边境城市布列塔尼。这一趟旅行总里程大约1500千米，可以说是在两周内可能完成的最长的线路了。

触摸天空　抓住星星

随着出发的时间一天天临近，我的紧张感也逐渐增加。这不仅是因为旅行的距离如此之远，也是因为途中可能遇到各种我无法想象的不确定因素。我还从没有和父亲一起去一个陌生国家待如此久的时间。而且迄今为止我骑车旅行最久的一次也仅仅是半天而已。

我想我肯定会很思念我的妈妈，我的年纪那么小，也许根本就骑不完全程。是的，我害怕了！我真的很害怕！各种的不自信向我袭来，不断积累，直到出发前的一天终于爆发了出来：我不想去了！无论如何都不想去了！谁都别想说服我！我就这样突然发作了！

于是我找到父母，告诉他们我的决定。他们惊呆了似的看着我，然后试图改变我的想法。

"你应该接受这个挑战，"他们说，"我们相信你可以做到，而且时间也有的是。"

然而他们的安抚并没有完全驱散我心中的担忧，这趟旅行此刻在我心中简直就是一趟"惊魂之旅"。

终于，出行的日子到了。我和母亲、兄弟们依依惜别。

开始吧，我们自己的"环法自行车赛"！

旅行的第一天很艰难。起初是因为浓重的思乡情绪让我没能调整好心态，但因为是第一次来到边境地区，各种新鲜的奇闻异事接踵而至，很快就驱散了我心中的苦楚。我要和爸爸一起骑车征服整个法国！

路上我们特意选择了一些偏僻的小路和乡间小道骑行，避开了公路上的车水马龙，专门穿过那些法国最美丽的村庄。"难以置信，居然有这么美的地方！"我在心里不断重复这样的感叹。

父亲一直在前面带领我在这个异国的土地上前行，每天我们都会期待着会遇到什么挑战和什么样的奇遇，而前方就是我们的目标——法国首都巴黎。

一周后，我们到达了这趟旅程的半程目的地。当你骑车行进在法国大都市宽阔的公路上时，这种感觉真的很奇妙。感谢我的父亲，他一直在我背后默默支持我，直到我最终骑到巴黎。这让我感到我仿佛就是世界之王。

我们在巴黎逗留了两天，顺便拜访了一些朋友，然后我们又开始上路，踏上了前往布列塔尼的旅程。在这两周里我经历了很多很棒的事情，让我一生受用，包括那些不可思议的风土人情、数不胜数的名胜古迹、令人神往的各种珍禽异兽。每天我都能认识很多人，在向他们讲述我们父子旅行的故事时我总能感受到他们身上释放出的善意和友好。每天晚上我都睡得很香，不仅是因为太累了，也是因为我知道我们离目标更近了。

我们每天计划骑行100千米，有的路段很容易完成，有的路段则很困难。

当我们骑到雷恩时，遇到了整个旅行中最艰难的一段，因为我们必须在一条郊区公路上骑行很长时间。

那是一条笔直的公路，而且看起来就像是没有尽头一样。

途中没有转弯也没有任何分岔路，周围没有山峦环绕，甚至连出口也没有！而且不管我们骑了多长时间，也始终看不到终点，周围也是空无一物，既没有村庄也没有城市。在我们面前，除了公路还是公路。

"爸爸，我坚持不下去了。"我在骑行中不止一次这样对父亲说，因为足足50千米的路程对我来说简直就像是永远都看不到终点的距离。"加油，我们能做到的！"父亲总是这样回答我，"只剩5千米了。"

这当然不是真的。直到当天下午我才意识到，我已经突破了自己的极限，完成了以前想都不敢想的目标。当夜晚来临的时候，这种自豪感让我感到很满足。

几天后，我们终于到达了目的地——法国西部边陲。我永远都不会忘记那天我骑到那条看似没有终点、没有分岔、没有转弯的公路尽头时所看到的景色。

"我们到了那儿就能看到大海了。"几个小时前父亲就开始这样跟我说。等到我们到的时候已经是傍晚了，太阳正在落山。我越骑越快，因为我想尽早到达目的地！

转过最后一个路口，我终于看到了——巨大、宽广、一望无垠的大西洋！我们沿着路一直骑到一块巨大的礁石前。只要再往前几步，就是万丈深渊，就是大西洋那湛蓝诱人的海水。我们终于到了！

我们举目远眺，远处的太阳正缓缓落入海中，海水被染成了一片深红色，映射出五颜六色的粼粼波光。

海面上，海浪此起彼伏，就像是要抓紧时间在黑暗完全笼罩之前送上"晚安"的祝福一般。

我们的影子斜映在橘红色的地面上，蚂蚱在我们周围的草丛中跳跃。为了这一刻我们父子俩一起努力了两个星期！

我们站在岸边，望着面前无边的海洋，时间一分一秒地流逝，太阳几乎全部没入海平面。父亲拉着我的胳膊说："我们已经到达这次骑行的目的地了。多美的景色啊，一年前我就开始想象有一天能和你一起到这里来体验一下。"

"真酷，我们真的做到了，爸爸。这看起来真的有点疯狂！"

我们在大西洋岸边待了两天，然后坐火车回到了德国。这次经历让我学到了一点：心有多大，生活的可能性就有多大！如果你认为自己能做到，你就一定能做到！

把目标定高一点，努力向上去实现它，并且在实现你的目标之前，你一定要相信自己可以做到！

✏️ 静心&反思

在你实现目标和超越自身极限的过程中，起决定性作用的事情是什么？

_____

_____

_____

_____

你第一次超越自己的极限是在什么机缘巧合之下完成的？你是怎么做到的？

_____

_____

_____

_____

24 对团队有所贡献

"每天都有86400秒，如何利用时间，完全取决于你自己。"——无名氏

有一位父亲，他有3个儿子，都在同一家大型果蔬市场里为同一个老板工作。这个市场是世界上最大的果蔬批发市场之一。

有一天，这位父亲瞒着3个儿子来找这个市场的老板。他和这位老板已经相识多年了。

"我的3个儿子已经为你工作了很长时间了。我对你能雇佣他们、给他们自食其力的机会深表感谢。这真的是一份很棒的工作，他们也从中学到了很多受益一生的东西。不过有件事我想向你请教一下。为什么我的3个儿子里，有一个你给他开了500欧元的月薪，另外两个分别是600欧元和1000欧元呢？"

经理缓缓地靠在沙发上，笑着看着这位父亲，但没有说话，整个房间里一瞬间鸦雀无声。

然后他说："也许我要花点时间才能向你解释清楚。你有时间么？"

"我有的是时间。"父亲回答道。

"那好，这样最好不过了。如果你想要知道这个问题的答案，最好自己在这里待一天。"

过了几分钟，经理拿起电话，让秘书接通了那个每月拿500欧元工资的儿子的电话。

经理在电话里对他说："有一大卡车的货物要在28号门卸货。你能不能去看一下，上面装的是什么东西？"

过了不到3分钟，第一个儿子打来电话："我现在没办法亲自赶到28号门，不过我电话联系了那边的同事，车上是100箱不同品种的香蕉。"

"谢谢。"经理回答。

他又打电话给拿750欧元月薪的儿子："有一卡车的货物要在28号门卸货，如果你有时间的话，你能不能去看一下上面是什么货物？"

大约10分钟后，电话铃响了："经理，我正在28号门这里。车上是100箱不同品种的香蕉。"

最后经理打电话给第三个儿子，把同样的话又复述了一遍。

半小时后，第三个儿子直接来到了办公室，气喘吁吁地对经理说："经理，车上是100箱香蕉。我已经以5欧元一箱的价格全部都买了下来。其中50箱我已经转手给了我们公司的大客户，每箱售价是9欧元。剩下的50箱里面有30箱我准备拿到市场上去散卖，相信不到一个小时也能卖光。还有20箱我已经存到了冷库里了，因为那批香蕉还需要几天才能成熟，现在卖的话卖不出好价钱。

另外，我还在车厢里面找到150箱果汁。我知道我们的果汁储备很充足，但我联系到了一个顾客，他正好想要这种果汁，所以我直接转手给他了，光这一笔我们就能净赚1250欧元。"

喘了口气后，他又接着说："我还发现了500个高品质的凤梨。我知道您一直想进一批凤梨，所以我让他们等我20分钟，我来请示一下您是不是要把这批凤梨买下来。"

"当然，我们全都要了。"经理边说边看了他一眼，"谢谢你做了这么多工作。你做事，我一百个放心，你真是我的好帮手！"

于是第三个儿子离开了办公室。

"现在你知道为什么你的3个儿子拿的薪水数目不一样了吧？"

"是的，"父亲回答，"今天我都看到了。我的3个儿子中，有一个连执行你的命令都做不到，另一个只会机械地执行命令，而第三个却能尽自己所能全心全意地为公司做出贡献。"

——根据某则英文故事改编，作者不详

✎ **静心&反思**

从这则故事中你得到了什么启示？

_____

_____

看过这则故事后，你对工作的态度是否有所改变？

25 装满自信的桶

"生活就像一面镜子，每个人的想法都会在现实中通过行动体现出来。"——恩斯特·霍尔姆斯

每个人心中都有一只桶，这只桶就叫自信。别人对我们说的话和做的事，都可能把这只桶装满或者倒空。当这只桶被装满的时候，我们就会觉得自己无比高大，充满力量；当这只桶空荡荡的时候，我们就会觉得心情糟糕，失去自信。

每个人心里还有一把看不见的水瓢。每当我们用这只水瓢为他人注入自信时（通过我们的语言或行为夸奖别人的优点），也在同时往我们自己心中的桶里注水；而当我们用这只水瓢舀出别人的自信时（同样是通过我们的语言和行为去诋毁他人时），同时也在消磨我们自己的自信。

就像一只被斟满的酒杯一样，我们心中的这只桶也装载着我们所必需的信心、乐观和能量，帮助我们去应对各种各样的挑战。桶中的每一滴水都让我们变得更强大、更有抱负。

相反，一个空桶会让我们产生悲观的情绪，失去力量，失去实现理想的信心。所以每当我们的桶被人舀空的时候，我们都会觉得很痛苦。

每天，我们每个人都需要面对无数次这样的抉择：填满或者舀空他人心中的那只自信之桶。这是很重要的抉择，会直接影响到我们和周围人之间的关系，影响到我们的生活品质，甚至我们的健康和幸福。

✎ 静心&反思

这个故事的主旨是什么？

_____

_____

_____

_____

你今天帮谁找回了自信？请写出来。

_____

_____

_____

_____

_____

26 狮子和老鼠

"一个厉害的对手，能像一根刺一样刺激你进步。"

—— 卡尔·古策夫

有一天，森林之王狮子正躺在太阳底下睡午觉。突然它被吵醒了，于是它开始寻找是谁打扰了它的好梦。

很快它就看到了一只小老鼠，正舒服地躺在它身下，弄的它痒痒的。看来这只小老鼠就是破坏狮子好梦的罪魁祸首。狮子十分不爽，想把老鼠撕成碎片。

当狮子举起利爪想要把老鼠抓住的时候，老鼠突然哭了起来并恳求它："求您了，大王，请放了我吧，总有一天您会用的上我的！"

狮子大声地笑了起来，心想：这只没用的小老鼠居然大言不惭地说有一天能帮到我？尽管如此，狮子还是一时心软，放走了老鼠。

几周后，狮子在一次捕食的过程中被猎人的网缠住了。狮子使出浑身的力气挣扎，无奈网绳太粗，它越挣扎反而被缠得越紧了。狮子又生气又无助地大声怒吼着，老鼠听见了，连忙赶了过来。

触摸天空　抓住星星

老鼠观察了一下形势后对狮子说："稍安勿躁，狮子先生。我会把绳子咬断放您出来的，但请您先保持安静。"

狮子冷静了下来。老鼠开始用它短小但锋利的牙齿咬断绳索，虽然花了不少时间，但最终成功地把狮子救了出来。

"您之前还笑话我呢，"老鼠对狮子说，"您一定觉得，我那么弱小，怎么可能有机会帮到您。不过您看，您这次获救确实是多亏了我啊！"

✏️ 静心&反思

是否力量的大小就能决定一切？请写出发生在你的现实生活中的类似事例。

_____

_____

_____

_____

_____

27 学会正确地面对失败

"失败中往往蕴含着新的机会。" —— *阿尔伯特·爱因斯坦*

大多数父母都体会过这种幸福感：看到孩子学会爬行之后，第一次从这头爬到那头，第一次自己独立站起来走路。此时父母一般会站在离孩子四五步的地方，张开双臂，满面笑容地鼓励孩子。

然后会发生什么呢？孩子会努力地走过去，然后摔倒在地上！在他学会走路之前，小屁股至少要和地面亲密接触百十次。也有的父母会在孩子试过三次之后对孩子说："别试了，你做不到的！"孩子当然不能就这样停下来，因为这种说法本身就是荒谬的。

我直到今天还记得很清楚，当年我父亲是怎么教会我骑车的。那会儿每个星期六的早上，我们都会带上各自的单车，来到那条通向远郊美丽丛林的偏僻小路上学车。父亲再三叮嘱我，要我坐在车上并且双脚放在踏板上，而他则用双手紧紧抓住后座，这样我就不会失去平衡了。按理说这样是万无一失的，即使我控制不住车子，也不会失去平衡，因为我那位强壮的父亲在后面保护我的安全。

触摸天空　抓住星星

在尝试了若干次之后，我渐渐地可以自己骑行一段时间了。父亲也开始时不时地放开双手，直到我要失去平衡时才抓住后座。

然而，要学会骑车的最后一步，我必须在没有父亲的帮助下完成。于是我开始独自骑行，结果向右边重重地摔倒了，我的膝盖受了伤，泪水不争气地从我脸上滑落下来。但父亲还是在我旁边鼓励我不要放弃。是的，我可以的！没过几分钟，我终于可以自己一个人骑车了！就像是一下子学会的那样！之前那些失败的经历也被我完全抛到了脑后。我终于学会骑自行车了。

不经历一些风雨就能实现人生中一些重要的目标，你不觉得这听起来有点可笑么？我们所经历的挫折中，有的看似无足轻重，有的却让人刻骨铭心。但所有的失败都会让我们感到纠结难忘，会消磨我们的自信，会让我们感到绝望。而那些敢于面对失败的人，才是那些最终在生活中有所建树的强者！

但也不要忘了，失败的只是一件事，并不是一个人。我们不需要接受它，而是应该正确地面对它。成功是需要一个过程的，只有很少的人能做到一夜之间功成名就。大多数人都需要花上很多年才会有所成就，就像把籍籍无名的希腊队变成2004年欧洲足球锦标赛冠军的奥托·雷哈格尔的经历那样。虽然他在执教生涯中多次被提前解雇，但他从未放弃过追求自己的人生目标。或者你也可以看看迈克尔·乔丹的传记。初中时的他甚至没有被选入球队，因为教练觉得他的个子太矮了。他的老师也建议他以数学家而不是职业运动员为人生目标去努力。可现在呢，他却成为了人类历史上最出色的篮球运动员之一。

✏️ 静心&反思

迄今为止你遇到过哪些挫折？你又是如何克服的？

_____

_____

_____

_____

在克服困难的过程中，你学到了什么呢？

_____

_____

_____

_____

_____

28 巨树

"成功没有捷径，你必须一步一个脚印。"——埃米尔·奥舒

　　这是一个关于大树的寓言故事。描述的是那些日常琐事、无谓的担忧和恐惧是如何扰乱我们正常生活的。这个故事是由哈里·埃莫森·佛雷德利克教授向我讲述的。

　　在阿尔卑斯山的某个山坡上有一棵年龄很大的巨树，其规模远远超过当地的人们所见过的其他任何一棵树。生物学家们在研究过后，认定这棵树的年龄已经超过了400岁。在从一棵小树苗慢慢长成今天的参天大树的400年间，它经历过暴雨、狂风、雷电、洪水和雪崩。尽管这些灾难曾一度让它摇摇欲坠，但它最终挺了过来并且绽放出了新的生命力，一天又一天茁壮成长着。

　　然而，有一天来了一群甲虫。这些昆虫不但撕开了大树的树皮，还破坏了树干内的生命精华。巨树受伤严重，就此一蹶不振。

　　如此巨大的树木，没有在长年累月的自然灾害中被击倒，却被一群小到用两根手指一捏就能捏碎的虫子夺去了生命。

　　其实我们又何尝不如这大树一般呢？我们不也都经历过人

触摸天空　抓住星星

生中无数次大风大浪、电闪雷鸣吗？然后呢？很多人不也是被一些细小如甲虫一般、用两根手指就能捏碎的小忧愁和小恐惧腐蚀了心智吗？

🖉 静心&反思

你生活中遇到的"小甲虫"是什么？

_____

_____

_____

_____

你如何做到不被"小甲虫"们影响？

_____

_____

_____

_____

20 播种与收获的法则

"所谓的成功就是指，当大家都倒地不起的时候，你比多别人多爬起来一次。"——**谚语**

"播种的故事"出自于基督教中的《马太福音》。我本人对圣经故事并不精通，但这则寓言确实很有意思，对我们的人生有一定的启示。

这则寓言是这样开始的：

"从前有个很有想法的播种人，想要培育出最优秀的种子。"

有良好的种子（这里的"种子"可以有多种解释，可以是能力、天赋、销售的产品或者其他东西），这是成功的前提！

"于是播种人来到田地里开始播种。但有几粒种子没有落到田里，而是掉在了田边，被鸟儿吃掉了。"

我们可以举个体育方面的例子来说明上述情形：教练邀请很有天赋的汤姆下周二晚上去试训，汤姆答应了。

但到了周二晚上，汤姆没去参加试训。

教练心里感到很疑惑：汤姆怎么没来呢？

于是这个寓言就能给教练一个答案：因为有鸟儿飞来把种

子叼走了！这只鸟可能代表竞争对手，也可能是敌人，总之有人告诉汤姆：这个试训没必要去，没必要去接受这个教练的指导，在他手下也学不到新东西，也不会有什么新的机会。而汤姆很显然接受了他们的建议！

所以，现在摆在教练面前的选择有两个：一个是把鸟抓住，另一个就是把汤姆和那些胡说八道的人隔离开。

不过这样做的坏处就是：播种人离开了田间，浪费了精力，也就没时间全心全意地耕作了，也就没法继续播种了。

寓言中描述的情形是：

"农夫继续播种。"

看到了么，这才是成功之道！

"另一些种子散落在了石缝里。因为那些地方没有土壤，所以种子虽然很快就发芽了，但在阳光的炙烤下它们没有赖以生存的根茎，最后都枯萎了。"

这段话很难用生活化的语言来解释，还是回到我们之前的那个例子上来：汤姆来参加了试训，一开始他热情高涨而且态度也很友好。但很快三分钟热度退散，他对接下来的训练提不起兴趣，因为他更喜欢做别的事情，所以他很快就从训练场上消失了。

于是教练们又面临两个选择：要么想个办法让汤姆全神贯注投入训练，要么……学那个聪明的播种人的做法——继续播种！

"聪明的播种人继续播种。有些种子落入了荆棘丛中，长成幼苗。而等到荆棘长大时，把那些幼苗压死了。"

这种情况在生活中非常常见：汤姆参加了接下来的后续训练，也充满了热情，但是因为一开始就经历了一些打击、挫折和争执，最后他心灰意冷，只能告别球场、泯然众人。

"播种人继续播种。终于有些种子落到了肥沃的土地上，并结出了果实。有的结出了比种子多30倍的果实，有的是60倍，而最好的一把结出了100倍的果实。"

只要我们不停止继续播种的努力，种子迟早会遇到合适的土壤并结出果实!

回到我们的例子中。案例中的汤姆可以是很多个人，很多个找到了自己的位置成为了某个团队一分子的人。他们有的人能发挥出30%的潜力，有的人能发挥出60%，当然也有人能发挥出100%的潜力，甚至超越自己的极限。

生活中任何一个领域的事情都有一个同样的规律：在我们成为那个真正能突破自我的强者之前，我们都必须经历那个痛苦的过程，就像这个播种人所经历的那样。但是否在面对困难时畏足不前，甚至彻底放弃，被鸟儿提早叼走，这就完全取决于你自己了。

✏ 静心&反思

从这则故事中你学到了什么? 请举例说明。

_____

_____

30 不要让别人左右你的人生

"如果你所说的与事无补，那不如不说。" —— **丹尼斯·维特利**

一个年轻人带着弟弟走在回家的路上。他们买了几瓶水，装在两个大购物袋里。他们有一辆自行车，但哥哥很有责任感地把两个购物袋都拎在自己手里，让年纪小的弟弟骑自行车。

不一会儿，他们遇到一位先生。这位先生一看到他们就开始摇头，说："小孩儿，帮你哥哥减轻点负担吧，不能什么都让他做啊！"

兄弟俩合计了一下，觉得他的话有道理，于是他们交换了位置，哥哥骑上车子，弟弟下车来拎袋子。

过了没多久，他们又遇到一对夫妇。他们听到这对夫妇说："这个哥哥太没责任感了，居然让小弟弟拎那么重的东西，这两大包东西应该放到自行车上。"

两兄弟认为这对夫妇的话也很有道理，于是哥哥把两个袋子挂到了自行车的把手上。

又过了一会儿，一位女士走过他们身边，对他们说："你们真是荒唐，为什么不让年纪小的孩子坐到自行车后座上？"

他们讨论了一下，觉得她的话也很对，于是弟弟就坐到了自行车后座上。

就这样没过几分钟，因为没法控制压在自行车上的重量，两个人都摔倒在地，受了伤。两个袋子也掉在了地上，装水的瓶子也摔碎了。

如果你打算一直听从别人给你的那些似乎很有道理的建议，那么你迟早得接受自己变成失败者的结局！

✎ 静心&反思

你是否也曾陷入故事中描述的这种困局中？你是如何摆脱的？

_____

_____

_____

_____

_____

31 正确地对待批评

> *"在你向我说别人的是非前，请先问你自己三个问题：*
> *1.你说这些是否出于对我的关心？*
> *2.你说的是否属实？*
> *3.你说的对我们双方是否都有益处？*
> *如果这三个问题的答案不全是肯定的，那我不想听。"*
>
> *——苏格拉底*

不要因为受到批评或者拒绝就垂头丧气！

有一个年轻人，在听了苏格拉底的演说之后，和很多人一样受到了鼓舞，并因此选择和苏格拉底一起共事。然而这个年轻人也注意到，有些人并不赞同苏格拉底的观点，还有一些人的评价是不好也不坏。而大多数人的想法和他一样：感到很受鼓舞，感到兴奋，激情燃烧，并且希望学以致用。

于是在一次演讲结束后，年轻人问苏格拉底，为什么人们对他的演说会有如此截然不同的反应。

苏格拉底回答说："这种情况在我们的生活中随处可见。人群中总会有这么几类人：一类是喜欢嘲笑和批评的，一类是保持中立的，还有一类是易被打动、激情澎湃的。"

他继续说道："一开始我也希望我的演说能鼓励到所有的

人，但这是不可能的。有的人生来就以批判和持负面的看法为己任。我当然希望我的演讲能给别人勇气去开创新的人生，但这未必适用所有听众。所以我认识到，如果我以平常心去接受世界上必然有这三种人存在的事实，那么一切就容易多了。我可以把精力专注在那些因为我的演讲而变得积极向上的人身上。"

每一位成功人士都知道如何对待拒绝，因为他知道这世界上总有这样三种人：

第一种人，不管你说什么都铁定会拒绝你。

第二种人，既不完全拒绝你，也不会轻易为你所动。

第三种人，乐于接受新的想法并易被鼓舞。

这是人类社会的现实，并且这种情况将一直持续下去。

所以任何的新想法、新创意、新事物的诞生都要经历三个阶段：

第一个阶段：被嘲笑。人们完全不能接受这种新生事物，其中有些人更是以取笑新事物为乐。

第二个阶段：被批评。当新事物略有小成时，嘲笑的声音会戛然而止，取而代之的是各种批评。这个阶段相比第一阶段可视为一种进步。因为如果要批评一个事物，那至少也得建立在尝试过的基础上。

第三个阶段：被承认。当推动新事物的力量一直坚守底线并持之以恒的时候，外界的批评之声会逐渐消失，取而代之的是对成功的认可。虽然这时仍然会有一些批评的声音存在，但这已经无碍大局了。

所以，找到不同类型的批评的分界点，可以称得上是一门艺术了。我们要先扪心自问：究竟迎面而来的这种批评是建设性的、合理的，还是破坏性的。

最终获得成功的人，往往有这样的能力：他们能将破坏性的批评过滤掉，能察觉到各类批评中真正的问题所在，也能分别出哪些是单纯的嘲讽，哪些是讥笑，哪些是拒绝。

有些人伤害你，纯粹是因为嫉妒。因为他们对自己的生活不满意。当然，他们不会直接说："我嫉妒他们，所以我要挑他们的刺儿。"他们会把这种嫉妒伪装成建设性的批评。

也有的人生来就是批评家的材料，永远只会看到消极的一面。这类人我们就无须太在意了。在所有事情中挑刺儿本就是这些人的兴趣。也许你也曾经有过这种疑问：为什么有的人会一直说假话？答案是：他们本来就是骗子！骗子爱撒谎，小人擅嘲讽，盗贼喜偷窃，悲观主义者酷爱批评——事情本就如此。

只有一种办法可以杜绝所有批评，那就是什么都不做。

这是唯一有效的办法！我们不能让那些批评家们毁了自己的生活。尤其是那些因为自己的不幸所以也希望别人和他们一样不幸的评论家们。

所以，关键在于我们如何对待批评。当你对一件事情的自信心不足时，就会对外界的批评失去抵抗力。而那些相对成功的人，他们的意志就比较顽强，善于汲取经验，时刻准备为实现目标而做出一切必需的努力。所以，即使在实现目标的过程中出现这样那样的负面情绪，他们也不会轻易被消磨掉斗志。

曾经有一位智者说过：当批评的来源是那些你并不在意的人或者并非是你的榜样人物时，不要在意他们说了什么。

✏ 静心&反思

从这则故事中你学到了：

_____

_____

_____

_____

_____

32 别和一只猪较劲儿

"你不能指望一只猪变成赛马。"——**无名氏**

有一个村子里住着两个年轻人:其中一个受过良好的教育,另一个则是非常喜欢挑衅的混混。两个人互相看对方都不顺眼。喜欢惹事的那个人一直想找机会让受过教育的那个人难堪。

有一年冬天的某个早晨,两个人在村里的一座桥上相遇了。桥下是冰冷湍急的河水。离着老远,那个混混就开始对那位有教养的青年口出秽言。

"这次我一定要给你点颜色看看,让你知道我是什么样的人。"有教养的年轻人心想。当两个人越走越近时,混混也在心里不停念叨着:"一定要给他点教训,叫他以后不敢再惹不该惹的人!"

很快,两个人在狭窄的桥上面对面了——谁都不肯退让。

"可怜虫,滚到另一边去!"小混混吼道,"快给本大爷让路!"

有教养的年轻人鼓起勇气说:"为什么要我让路?我倒要看看谁是大爷!"

虽然嘴上这么说，但是有教养的年轻人却想起父亲对他的教诲："不要鲁莽行事，聪明人是懂得进退的。"

然而，年轻人的冲动还是战胜了理智，两个人终于扭打在了一起，然后一起从低矮的护栏上翻了下去，掉入冰冷刺骨的河水中。就在两个人快要被淹死的时候，他们抓住了一棵生长在岸边的大树的树枝，这才获救上岸。

"我真该听我父亲的。"有教养的年轻人心想，特别是当他在冰天雪地里大声喊救命的时候。

别和一只猪较劲儿——否则你们也会和猪一样变得污秽不堪。猪本来就生活在肮脏的环境里，你却把自己的层次拉低了。

✎ 静心&反思

你不会和下面这些人争执，因为没有意义：

_____

_____

_____

_____

_____

33 穿越沙漠的通道

> *"留心记录日常的点滴，就是在记录你成功的过程。"*
> ——里克·皮迪诺

　　有三个冒险家打算穿越非洲大沙漠。他们的背包里只放了几件单衣、洗漱用品以及食物和水。他们仅凭着一股热情就上路了。

　　几周之后，他们开始怀疑自己是不是迷路了，因为他们怎么也看不到目的地的迹象。携带的水和食物都耗尽了，三个人已经精疲力竭，躺在一块在太阳下山后还留有余温的沙地上。已经好几天水米未进了，极度虚弱的他们只好望着满天繁星的夜空发呆。突然天空中一道流星掠过他们头顶落到附近的沙地里。流星放射出灿烂的光芒，刺得三个人眼睛都睁不开，连忙拿手遮挡光线。

　　"趁着夜色继续你们的旅程吧，"落到地上的流星说，"记得收集你们一路上看到的所有石头，放进你们的空背包里，你们会明白我为什么要你们这样做的。到明天早上你们就不会挨饿了，也会觉得不虚此行了。"说完这些话，流星立即消失了，就像它出现时那样迅速。

三个冒险家分不清刚才发生的事是不是幻觉。在经过几分钟的激烈争辩之后，他们决定用剩余的一点力气继续上路。夜色中他们漫无目的地前进，一路上遇到了数不清的各种石头——有大有小，有轻有重。一开始他们还记得挑几块放到包里，但后来他们觉得即使石头再多也没有用，就不再捡了。黑夜终于过去了，三个人突然发现，在地平线方向出现了一个绿洲。喜出望外的他们连忙跑过去，发现那里有充足的绿树和水源。三个人拼命地又吃又喝，直到撑得他们再也吃不下喝不了。然后，这三个之前几乎虚脱的人都躺在地上甜甜地睡去了。

　　当他们醒来时，发现自己仍置身于绿洲之中。这不是个梦，一切都是真的！

　　接着他们就看到了背包里的石头。

　　简直不可思议：那些他们一路上捡到的零碎石头，都变成了金子！三个人对突如其来的幸福感到难以置信，连忙冲向各自的背包，并且开始互相抢夺起对方手里的金子来。

　　突然，他们好像意识到了什么，然后慌忙向他们来时的方向望去。他们想起路上曾看到过那么多的石头，却没有都捡起来！

　　成功路上的问题和障碍就像这些石头一样，除了能让你不断成长、完善自我之外，或许有一天也会像故事中的那样变成你人生中的宝贵财富呢！

对你来说，穿越心中的沙漠的通道是什么？

_____

_____

_____

_____

现在的你，会把你生活中的哪些"石头"捡起来好好保存呢？

_____

_____

_____

_____

_____

34 人生两大痛

"如果你只是自我感觉良好地努力工作了一天，那你的收获是不可能多到哪里去的。" —— **杰里·韦斯特**

人的一生中有两件事是最痛苦的，是你必须要用自己的全部身心去应对的。

其中一种是悔恨。当有一天我们回顾自己的过往，你或许会说：要是当时我……要是我听我朋友、老师或者父母的话……如果当时我再多试一次……也许我现在的情况就会不一样了。

第二种痛是坚守原则之痛。当我们想要取得一些成果时，必须要付出同等的代价。生活中没有例外，而所谓的付出代价，就是要坚守原则。即使当周围的亲友都建议你选择那条看起来更轻松的路时，你仍然要坚持自己的原则，做一个与众不同的人。

有时候这种对原则的贯彻甚至需要一些主观的"惩罚"来推动。这种惩罚在实施的那一刻会带来痛苦、不安，甚至挫折感。

可是，那些最后达成目标的人，难道不正是那些坚守了原则并受到了一些"小惩罚"的人么？

举个例子：你是希望在10年后对着镜子里走样的身材满心

不悦、忍受别人异样的目光呢，还是更愿意坚守原则、每天做50个俯卧撑来保持体形？或者坚守原则每天花15分钟绕着住宅步行？再或者坚守原则控制你的饮食？

很多人或许到现在都还没有看透这个道理：坚守原则带来的痛苦并不像悔恨那样会深入到你的灵魂深处。这种痛苦刚出现时大多很短暂，有的很轻微，有的很沉重。但一旦你挥霍了随之而来的机会，那么对于你以后的人生来说，这种痛苦就会重如千斤。

✎　静心&反思

你每天会做些什么事来坚守原则？

_____

_____

_____

半年之后再看一下这则故事，并且再问自己一次上面的那个问题！

_____

_____

_____

_____

35 你很重要，也很优秀

"你应该经常对自己说的几个字：行的，我可以的！"
——斯坦·凯尔纳

每个人都希望成为一个举足轻重的人物。这是我们每个人都有的基本心理需求。或许很多人都有能力改变自己的生活，特别是在他自己擅长的领域里，很容易就能找到存在的价值和举足轻重的感觉。

他，是一个瘦小的年轻人，一直在我的选拔名单里。确切地说，他是我队伍里最瘦小的一个。羞涩的性格很容易让他成为那种很不起眼的选手。两年来他一直在主力阵容里，但我知道他一直很不自信，认为自己很难有机会参加德国冠军锦标赛。

决定参赛名单的那天终于到了，我把他叫到我的办公室。他进来之后就一直用担心的眼神看着我，不停地发抖，似乎害怕听到不好的消息。

然而我确信，他的才华被埋没了，他的潜力至今还没有爆发出来。于是我盯着他看了好一会儿，然后说："想去参加德国冠军锦标赛么？"

我很希望这个孩子能看到我的目光中蕴含的赞许。听到我的话后，这个一直在努力训练的13岁孩子强忍着泪水没哭出来。

"我入选了，教练？我真的够格么？"

我笑着点点头。

当他再次从椅子上站起来时，看起来似乎已经准备好了。他眼中放射出的光芒也让我确信自己做了一个正确的选择。

而这一刻对他来说有多重要，直到在两周后的德国冠军锦标赛上我才真正体会到。决赛中我们遇上的对手非常强大。尽管我们想尽了一切办法，中场休息时还是处于落后状态。

于是我把他换上了场，虽然他是所有选手中为数不多的几个之前从未上过场的选手之一。在剩下的半场时间里，他用自己那种哪怕是从替补席上最后一个位置站出来也要奋战到底的斗志投入到比赛中，让我执教以来头一次如此坚定地想要拼到最后——这已经和落后多少分没有关系了，这个年轻人激励了我！

比赛结束后，他忍不住哭了出来。就在球场上，一个人偷偷地低声哭泣，还摘下头带不停地擦拭着流满泪水的脸颊。此刻没有人能够安慰他，因为他希望在决赛中获胜的梦想落空了。

之后不久，我又看到他时，他正在做投篮练习。看起来他已经从比赛失利的阴影中走了出来。虽然还是能从他的脸上看到因为失利带来的失望，但也能看到他因为自己亲历了比赛而产生的幸福感。

这个有些害羞、即使在自己的队中也很少被人注意到的年轻人，却几乎凭一己之力将球队从失利的边缘救了回来！

这个孩子的行为也给我上了终生难忘的一课：每个人都渴望被重视。之后，我在自己书桌前的墙上贴了一张字条："你很重要！"

我要时刻提醒我自己：每一个我遇到的选手，都是一样重要的，都是团队的一员！

✎　**静心&反思**

你准备写一张什么样的字条，把它贴在哪里？

_____

_____

_____

_____

36 时间分配的诀窍

"坚持不懈者方能心想事成！" —— **恩斯特·R·郝舒卡**

约翰·艾斯基纳是一位受人尊敬的学者、音乐家和小说家，因其在多个领域内卓越的成就而备受各界推崇。

有一次，约翰和我说起，他的钢琴课老师曾经在一节钢琴课上教会了他一种令他受益匪浅的人生态度。当时他才14岁。有一天，他的钢琴课老师问他每周练习钢琴的频率和每次练习的时长。

"我尽量保证每天练习1小时。"约翰回答。

"不必如此。"老师反对说。约翰有些吃惊地看着老师，随即脸上浮现出一丝自豪，因为他觉得自己能保证每天1小时的练习量，说明他是多么勤奋地在练习钢琴。

"等你长大了，"老师说，"成为一个比较成功的人之后，你恐怕就没有那么多时间坐在钢琴旁边了。所以把练习时间控制在10分钟左右吧，那样你随便什么时候都能练习了——哪怕是在起床后、上学前、午饭后、做家庭作业前、晚上睡觉前，任何时候你都可以抽点时间出来练习。把你的练习时间分配到一整天不

触摸天空　抓住星星

同的时段里，音乐就能成为你生活的一部分了。"

约翰听从了老师的建议，并一直保持这个习惯至今。后来他成为了一个出色的钢琴家，并加入了纽约爱乐乐团，此后还被任命为美国茱莉亚音乐学院的院长和美国歌剧协会负责人。再后来，约翰前往哥伦比亚大学担任教授并且出版了45部著作。《我，来自特洛伊的海伦》就是他最著名的作品之一。

每天花上10分钟做一些有意义的事情，可能会让你的人生从此与众不同！

✏ 静心&反思

对于爱好的事情，你一般会选择多久做一次？试试看像文中那样"每天10分钟"，坚持1个月，到时候看结果再决定以后如何调整你的练习频率吧！

_____

_____

_____

_____

37 憧憬美好

"追求目标实现过程中的幸福感，而不是目标本身，这才是人生的真谛。"——**谚语**

在一家医院里有两个重伤的病人，他们躺在同一间病房里。这是一间很狭小的病房，只有一扇窗户。其中的一个病人每天可以坐起来一小会儿，他的病床正对着窗户，所以可以看到外面的风景。而另一个人因为伤势必须背面朝上平躺在床上，所以他完全没办法起来活动。

每天下午，靠近窗户的那个病人坐起来向窗外张望时，就会给他的病友描述外面的风景和发生的事。

窗外是一个绿草如茵的公园，远处还有一个清澈的湖泊。一条条硕大的五颜六色的鱼在湖面上翻腾，美丽的天鹅们在湖里游来游去，很多小朋友在湖边嬉闹玩耍。当情侣们在公园里散步需要找个地方休息时，那棵老树能为他们遮挡阳光。公园里到处都是盛开的花朵，姹紫嫣红。眺望远方，透过公园能隐约看到整个城市的轮廓。

那个躺在床上无法翻身的人，因为没办法往外看，所以就特别认真地聆听病友的描述，并且很享受这个过程。通过病友的描述，他知道有个男孩差点掉进水里，也知道有位母亲总是抱着她的女儿。靠窗的病友把所有的细节都描述得很清楚，而当他开始描述的时候，另一个病人就闭上眼睛想象那些画面。

有一天下午，不能翻身的那个人心中突然泛起一个念头：为什么靠窗的病友描述的全是美好的事情，难道外面的世界一直都这么美好么？为什么我不能自己想办法到窗户那里看看呢？

一开始他为自己有这种想法感到很惭愧，试图告诉自己不该有这种想法。但是越是抑制，这种想法却越强烈。他太想自己亲眼看看外面的世界了！

有一天晚上，那个靠窗的病人突然惊醒，呼吸急促，慌乱中用似乎痉挛的手指去按紧急呼救的按钮，想寻求帮助。

第二天早上，护士们发现这个病人已经去世了。

另一个病人于是向护士提出请求，希望能把床位移到窗边去，因为那边已经空出来了。护士们答应了，不但把他的床位调了过去，还考虑到他糟糕的身体状况，帮他尽量调整了一个比较舒服的姿势。等护士们离开之后，这个病人用尽全身力气把身子转了过来，忍着疼痛用手肘支撑住身体，终于第一次向窗外看去。

那么，他究竟看到了什么呢？

那里没有公园，没有水塘，也没有孩子。

窗外只有一面光秃秃的白墙。

——作者不详，由来自奥芬堡的本尼·佛拉德供稿

✏ **静心&反思**

这则故事想要说明什么问题？试试用三句话来概括。

_____

_____

_____

_____

_____

38 信念决定成败

"成就的大小取决于你对信念的执着程度。" ——**赛内察**

1987年，我经历了人生中第一次也是唯一一次马拉松比赛。这一段刻骨铭心的经历发生在法国首都巴黎。因为各种原因交织在一起，使得这一天变得让我永生难忘。更重要的是，这次比赛的经历让我明白：只要我相信自己可以做到，只要我不断鼓励自己，只要我在整个过程中能一直以积极的心态去面对，我就有能力去实现所有我想要达成的目标。而下面这句话更是让我记忆犹新：

"遇到困难坚持到底，力量自然会源源不断！"

先让我来讲述一下之前的故事吧。我每天都跑步，虽然距离不长，在天气比较好的时候一般是5～6千米，有时候是3～4千米的匀速跑。毕竟55岁的我已经不再年轻了……

当时我正好去巴黎我女儿卡洛琳娜那里住了一段时间。每天早上我们两个都会慢跑着穿过巴黎的市区街道。一个春光明媚的早上，我和女儿在路上突然遇到了几千个人一起在跑步。原来他们是来参加世界著名的巴黎马拉松公开赛的。我们听到空中传来一声响亮的发令枪响，然后就看到这些参赛者争先恐后地从我们面前跑过。

那一瞬间，我做了一个冲动的决定。我装作不经意地告诉女儿，参加马拉松一直是我的一个梦想。女儿关切地看着我说："爸爸，你实现梦想的时候到了。走，我们也加入他们吧！"

她没等我回答就加入了马拉松比赛的人流，除了也跟着去，我还有别的选择么？

我确实冲动了，我甚至都来不及做准备，就被后面的人群簇拥着往终点凯旋门的方向去了。我也要去实现我的梦想了。

到了20千米折返点的位置，理想开始撞上现实了。我的身体开始疼痛，尽管我还没倒下，但也已经准备放弃了。此时我心中有个声音开始不停地告诉我："遇到困难坚持到底，力量自然会源源不断！"

这不正是我过去常常拿来鼓励我的球员们的那句话么？这句话帮我坚持了下来，我开始用只有我自己听得见的声音对自己说："遇到困难坚持到底，力量自然会源源不断！"

我不断嘟囔着，声音也越来越大。令人惊讶的是，我居然越跑越快了。这句话就像是给我补充了燃料一样。5小时20分钟后，我顺利地跑完了自己有生以来第一个也是唯一一个马拉松。

当我回顾跑过的这一路，连我自己都感到很惊讶。而除了

　　触摸天空　抓住星星

早我一个小时到达的女儿外，还有一个法国人也跑到我面前向我表示祝贺，他非常热情地亲吻了我的额头，连声说："非常感谢，非常感谢。"

我有些丈二和尚摸不着脑袋，连忙询问原因。他注意到我是美国人，于是改用英语告诉我，在25千米的时候他几乎要放弃了。当时他的腿都抬不起来了。正好这时我从他的面前跑过，嘴里还说着："遇到困难坚持到底，力量自然会源源不断！"于是他也用法语对自己说："遇到困难坚持到底，力量自然会源源不断！"并且继续开始跑，直到跑完全程。如果没有这句话的鼓舞，或许他根本到不了终点。

这个故事告诉我们一个道理：当生活给你带来一些负担时，请不要放弃，要努力坚持，不断告诉自己可以做到，你就一定能跨过障碍。这个方法帮助过我，也帮助了那个法国马拉松选手，相信一样能帮到你！

——斯坦·凯尔纳

（斯坦·凯尔纳是"我行篮球训练营"的创始人和首席教练。这个训练营始创于1978年，时至今日已有上千名来自欧美各地的少年参加过这个训练营。凯尔纳是一名出色的教练、录像分析师、演说家和作家。他最著名的一本著作是《超越绝对极限》。）

✐ **静心&反思**

你是否有过相似的经历？是什么样的经历？你最后又是如何达成目标的？

_____

_____

_____

_____

_____

触摸天空　抓住星星

39 一切皆由心生

"如果你觉得自己渺小，无足轻重，那你就该想想晚上蚊子是怎么折磨你的。"——贝蒂·里瑟

在生活中，我们的行为无时无刻不受到别人的评头论足。我们也会不自觉地把世间万物分成对的和错的、好的和坏的、积极的和消极的。这种好和坏的区分纯粹是我们自己的发明，自然界里根本没有这么一说。没有什么事情是纯粹的"好"，也没有什么事情是纯粹的"坏"，这些概念都是我们用自己的想法强加上去的。

我们都认识这么一类人——评论家。他们专门负责告诉我们什么是错的，并给我们提出所谓正确的建议。但有一个事实我们必须明白，那就是这个世界上根本不存在真正的客观。根据感官学方面的研究成果，所有人提出的建议都是基于他们自己所认可的事实而产生的。换句话说，所谓的好和坏，都是人们心里的想法而已。

我们并不相信我们所看到的，我们只相信我们相信自己看到的。

在我们给别人提建议的时候，有一种危险的倾向很常见，

那就是只从自己的角度出发，而建议却经常跟不上形势的变化。下面这个故事就是个很好的例子。

有一位农民，总是喜欢说："谁知道呢……"

这个人有一匹很漂亮的马。村子里有个人很羡慕他，跟他说："我多想有这么一匹马啊。"

农民回答他："谁知道呢……"

有一天，农民的马跑丢了。村子里的那个人就跟他说："太可惜了！"

农民还是回答说："谁知道呢……"

过了几周，那匹马带着几匹野马回来了，村子里的那个人几乎不敢相信地自言自语道："他可真幸运啊！"

农民还是淡淡地说："谁知道呢……"

后来农民的儿子想要骑野马，结果摔伤了脚。那个人又跑来跟他说："你还真是不走运呢，要是那匹马没回来，你的儿子也许还是好好的呢。"

农民还是很淡定地说："谁知道呢……"

不久之后，战争爆发了。村子里的男丁几乎都被征召入伍了，农民的儿子因为脚伤被留了下来。尽管他自己很想上前线。

农民安慰儿子说："谁知道呢……"

战争结束后，大部分年轻人都没有回来。村里的那个人又感叹道："这家伙的运气还真是好到不可思议呢！"

✏️ 静心&反思

在这几个方面我以后不会再接受别人的"建议"：

_____

_____

_____

_____

_____

在这几个方面我需要的仅仅是一些点拨和支持：

_____

_____

_____

_____

_____

40 感觉胜过语言

"向老人请教就是学习生存之道的最佳途径。" ——**无名氏**

那是我还在兰德沙特社区医院从事社区服务工作时发生的故事。我记得当时我的服务期已经快满了，第二天就是最后一天了。我记得那是一个盛夏的下午，我正闲得无聊，医院方面询问我有没有时间送一位年老的女士去买东西。我答应了，就把这位看起来很虚弱的老人从病房里接了出来。

"能帮我拿一下购物袋么？"当我们要坐上医院小巴的时候她问我。我搀扶着她往前走，她的腿脚不是很利索，紧紧抓着我的胳膊，不断地向我表示感谢。

"没问题，"我回答说，"这是应该的。"

我们很快在超市采购到了老太太需要的东西。当我们重新坐上车时，我准备把车开回医院。

"我们能不能去城里兜一圈？"老太太突然问我。

"那可是很长的一段路啊。"我回答。

"没关系，我不着急，你也没急事吧？"

我看了她一眼，说："为什么我们要绕道去城里呢？"

她的眼眶顿时有些湿润了，我也没再追问，直接掉头开向

触摸天空 抓住星星

城里。

"上个星期医生告诉我，我活不了多久了。"老太太告诉我。

听到这话，我不自觉地关掉了车里的收音机。

"在病房里没有人在意我，我已经又老又没用了。"

不一会儿，老太太指着窗外说那是她以前住过的地方。然后让我把车停在一间工厂旁边。

"我在这里工作了14年。"说这话的时候，她似乎陷入了回忆中。

"二战结束后，我是负责重建城市的女子工作队成员。"她痴痴地望着窗外，好长时间才说一句话。

"我丈夫在二战中去世了，现在我已经没有家人了。只剩下我一个人了。"

我们继续向前开。她指着一所学校对我说，那是她还是个小姑娘时上学的地方。

然后她提出要去市立图书馆看看。

"我以前经常在那里一泡就是一个下午。我在那里学到了很多知识，所有我想学的知识都是在那里学到的。"

后来我们路过一个咖啡馆，我主动提出来请她喝杯咖啡、吃点点心。于是我们在咖啡馆里坐了一个多小时。她给我讲了很多关于她自己的故事。从二战期间最困难的那段时间到战后再婚，然后5年前她的第二任丈夫也因为癌症去世了，只留下她和两个孩子。而孩子们现在也都不在了。

"我累了，"她突然说，"请送我回去吧。"

我开着小巴把她送回了医院，一路无言。

进病房的时候，她叫住了我，说："这个，请您收下。"她把几张钞票塞到了我的手里。

"不，谢谢你，但这钱您还是自己留着吧。"我礼貌地拒绝了。

"您陪一个老女人度过了一个难忘的下午，很感谢您，花了您那么多时间。"

"不客气，小事而已。我很乐意为您效劳，今天我也感到很开心。"

这时护士过来请她去做检查："您今天出门太久了，要做个全身检查才行。"

我把购物袋递给她，并且俯下身拥抱了她。"很高兴认识您，"我轻声对她说，"祝您万事如意，身体健康。"

护士陪着老妇人走进了病房。当他们的身影渐渐消失在我的视线里时，病房的门也重重地合上了，那"砰"的一声在我听来就仿佛意味着一个生命即将结束。

那天剩下的时间里，我一直在思考。第二天我在这家医院服务的期限就到了。从那以后我再也没有见过这个老太太。

相比那位老太太在这个城市里有那么多温暖的回忆，甚至多到可以给我讲述1个小时之久，我不知道自己是不是也曾做过那么多值得回忆的事情。

人们常常会忽视你做过什么，或者你对他们说过什么，但会很容易记得当他们与你相处之时的感受。

✎ **静心&反思**

这则故事想表达什么道理？

_____

_____

_____

你对此怎么看？

_____

_____

_____

41 诚实的人终归会得到回报

"如果你一直都说实话，那么你根本就不需要刻意去记什么事情。"——**马克·吐温**

村子里有一位父亲要带他的儿子去远行，这趟远行的路程很远，要持续好几天。为了这趟需要翻山越岭的旅行，他们准备了整整一大背包的东西。

旅程的第三天时，他们已经离开自己的家乡很远了。由于劳累和对家乡的思念，儿子开始陷入焦躁和不安。父亲希望平复儿子的情绪，于是对他说："来，我们到超市去逛逛！你可以买任何你想吃的甜食！"

什么？这太有诱惑力了！儿子简直不敢相信他所听到的是真的。甜食？还任他选择？严厉的父亲可从来没有开出过如此有诱惑力的条件呢。

"你是认真的么，爸爸？"儿子好奇地问。

"当然了。"

"你真是世界上最好的爸爸！"他兴冲冲地跑进镇上的艾玛姨妈百货店。

货架上摆放着琳琅满目的食品，儿子看得眼花缭乱。最后他选了一块超大的巧克力，还有薄荷糖和小熊软糖。

父子俩于是走到柜台前付账。柜台里的收银员很年轻，笑容可掬，看起来应该只是个职员或者临时来帮忙的。

"8欧元，谢谢。"收银员清点完货品后笑着对父亲说。儿子则在一旁有些不耐烦地等着。

父亲递给收银员50欧元。一开始儿子还有些奇怪为什么收银员找给父亲的零钱好像特别多，但很快他的注意力就被糖果吸引过去了，这可是他辛苦了两天换来的奖赏。

两个人离开小店，继续上路。当儿子坐下来啃巧克力时，父亲在旁边得意洋洋地说："这一趟太赚了，我的儿子。我们买了8欧元的东西，我付给了他50欧元，他却找给我92欧元。他一定是以为我给了他100欧元。这次真赚大了！"

儿子愣了一下，就像是在脑子里算了一下账。然后站了起来，看着父亲，瞪大了眼睛坚定地说："爸爸，这样做不对。你应该把钱退回去。那个人肯定已经意识到少了这些钱。而且到晚上老板来清点账目的时候，也一定会发现少了这些钱的。"

一阵沉默。

"好吧，也许不会那么糟呢。你不用担心，这种事情每天都会发生几百次的。我有个更好的建议：我们留下这些钱，然后明天我可以再给你买一次巧克力。"父亲回答说。

"不，我不要。"儿子坚定地拒绝了。并且拉着父亲的衣服要他回去。

"我们应该诚实一点。我们应该把钱退回去。很多年来你一直跟我说，诚实是最重要的品德。如果是别人把你多给的钱还给你，你也会感到很开心的，不是么？爸爸，我很伤心，我以为你那些话不是说说而已的！"

　　"我当然不是说说而已了！"父亲辩解说，看起来他有点着急了，"是那个营业员自己糊涂，我有什么办法？这又不是我的错！"

　　"你没看见他有多年轻么？"儿子边反驳边哭了出来，"他肯定刚开始干这一行没多久，这肯定是他一时疏忽造成的。"

　　又是一阵沉默。

　　思考了几秒钟后，父亲看着儿子下了决心："你是对的，我们回去把钱退了。"

　　两个人折返回小店，把多余的钱还给了收银员，并且说明了来龙去脉。那个人还不知道他多找了钱给他们。

　　他很幸运，遇上了这对父子。

　　"谢谢！"他十分感激。"我差点把我一天的工资弄没了，老板要是发现了肯定会迁怒于我，也许会开除我。我才刚来两天，还在试用期呢。其实我并不喜欢这份工作，但是我母亲病得很重，我家又很穷，所以我必须尽快赚到钱。要是今天我不能拿到工钱回家，就没钱给我母亲买药了。我真的很感谢你们！"

　　为了表达谢意，年轻人又给了父子俩一块巧克力："这块巧克力我请客。"

父子俩离开了小店。走出去后，儿子停住脚步盯着父亲看了好一会儿后说："爸爸，我很开心，也感到很幸福！你说的都应验了，诚实的人终归会有回报的。"

✎ 静心&反思

你对这个故事有什么看法？是应该保持诚实还是应该尽可能利用任何既得利益？请写出你的答案。

_____

_____

_____

_____

_____

42 绽放光芒的躯壳

"坚持心中那份纯洁、纯真和闪耀，你自己的想法决定了你如何看待这个世界。"——乔治·伯纳德·肖

下面这个故事是发生在我的朋友兼导师斯坦·凯尔纳身上的真人真事。

那时我经常去夏威夷，去看望那些被关在少年管教所里的年轻人。那间少管所坐落在欧胡岛上，和当地伊甸园般的景色、层峦叠嶂的山峰、清澈湛蓝的海水和友好而又自豪的居民们正好形成了强烈的对比。里面关押的人大部分是一些因为失去了梦想而走上歪路的年轻人。他们的故事让我很感兴趣，同时也让我感到很痛心和难过。特别是当我听到里面的教官告诉我，有80%的孩子在出去之后，又会因为故态复萌而重新犯罪再回到这里。

为什么他们当中有那么多人选择继续犯罪呢？虽然他们也算是罪有应得，但反复入狱的经历难道不会把他们的生活搞得一团糟么？为什么这些孩子就不能在出狱之后洗心革面、重新做人呢？

少管所的一位老师告诉我，主要原因是这些年轻人没有学会如何用非暴力的手段去解决问题。一旦事情的发展不如他们的意，他们就会无法控制自己的情绪。

那之后有一次我去夏威夷的时候，我有幸认识了马尔·拉萨安。他是欧胡岛远离少管所一端的一所小学里的一名教师，是一个乐天派。拜访他的班级让我印象深刻并且深受鼓舞。班级的墙上涂满了各种鲜艳的颜色，和少管所里那单调的土灰色砖墙形成了鲜明的对比。墙上的画都是他的学生们画的。整个教室就像是一部记录了当地风土人情的画卷，充满了冒险主义色彩、好奇心和探索精神。当我第一次来到这间教室里时，我真的感觉自己进入到了另外一个世界——一个充满爱、肯定和尊重的世界。

透过教室的窗户可以看到岛上秀美的山峦，这让我一下子想起岛那头的那座监狱。教室的窗边有一张古旧的木桌，桌上是一本精致小巧的深褐色本子，里面记载着夏威夷历史上的一些古老故事。这张桌子和上面的画册，每个来到这里的人都能看到，这些历史事件传播的是乐观精神，表达的是希望。这让我联想到那些被关在少管所里的孩子们。我多么希望他们也能读一读这些故事，或许他们会因此对自己的生活方式有所反思，或许这些故事能让他们的生活发生一些根本性的改变。

其中有一个故事的大意是这样的：

"每个新降生的孩子身上都裹着一层五颜六色的彩壳，泛着圣洁的光芒。如果孩子们精心呵护这层彩壳，那么光芒就会变得愈发耀眼。甚至可以让孩子在海里和鲨鱼一起游泳，在天空中和鸟儿一起飞翔，让他们通晓万物。而假如某个孩子嫉妒心强，自私自利，颐指气使或心怀恐惧，那么这个孩子身上的光芒也会逐渐变得黯淡，会变得像岩石般不近人情。石头和光芒是无法共存的。如果不断往心里丢石头，那么总有一天会把心里的光芒完全掩盖。这个孩子的性格也会变得坚如磐石。石头本身是不会变化也不会移动的，只会留在那里。假如哪一天这个孩子对这种铁石心肠的状态感到厌烦了，只需要抖一抖外壳，石头就会自然掉出来，圣洁的光芒也会重新绽放出来了。"

于是我再去少管所的时候，就带去了一些盘子和鹅卵石——不同形状和不同大小的石头。我要求他们想象一下他们最讨厌或者最让他们感到愤怒的人，然后找一块最能代表他们感情的石头。

"请把鹅卵石放到盘子里。"我接着说。大约放进6块石头之后，就很难再往盘子里放石头了。同时我要求他们每个人都必须保持盘子的平衡。当他们把最后一块石头放进盘子里后，我要求他们："现在把盘子翻过来。"

于是石头纷纷掉到了地上。

"现在没有石头了，你们觉得手上的盘子有何不同呢？"

然后我开始朗读那个夏威夷流传下来的故事，房间里每个年轻人都注视着对方手里的盘子，面露讶异之色。

你要不要也来试试看呢？只要找一个足够大的桶和很多足够分量的石头，然后好好想想你上一次失败的经历和你当时心中的不满、愤怒、恐惧和失望，每想起一件这样的事情就往桶里丢一块石头。不一会儿你就会发现桶变得很重了，这时问你自己："我想要带着这么重的桶度过一生么？"当你下一次把一块重重的石头放到你心中那个充满阳光的桶里时，请做一个决定——把桶翻过来。最重要的是把所有的石头都倒出来。最后你会发觉，你心中那个没有石头的桶又溢满了阳光。这些阳光会解放你的人生并使你的心归于纯净。

✏️ 静心&反思

这则故事的寓意是什么？

_____

_____

_____

_____

你是否从中得到了一些对你来说有所裨益的启示？

_____

_____

_____

_____

43 做你自己

"当我们能改变自己时，便没有什么东西是我们改变不了的了。"——亨利·邦德里克·艾美尔

当一个团队中的每个成员都团结一致，并且竭尽所能在自己的岗位上为团队做出贡献时，这个团队就是成功的。

我们每个人都有一条专属于自己的成功道路，那就是将上天赋予你的才能发挥到极致。

你可以在周末时放下一切尽情玩乐，即使你在之前的训练中花了数不清的汗水和心血。

你也可以成为这样的人，一个被周围的环境、自己所做的决定和经历所左右的人。

你也可以运用那些你略知一二或从教训中得来的知识，但你必须自己打理自己的那块园地，不管效果是好还是坏；也必须自己谱写生活的乐章，不管弹奏的效果是好还是坏。

你必须找到自己的道路——如果你渴望成功，变得举足轻重，过上有意义的生活；如果你还希望能影响别人，想要出类拔萃，那么你就必须成为一个善于鼓励别人的导师。

但不要模仿——要找到属于你自己的方向并坚持下去。

如果你不能变成山丘上的松树，那么就做一棵山谷里的灌木吧——但一定要是河岸边最美的那一棵。

如果不能变成灌木，那就做一丛小草吧——但一定要是挺立在路边最茂盛的那一丛。

如果你不能成为金枪鱼，那么就当一条鲈鱼也不错——但一定要是海里的鲈鱼。

在团队里，即使不能成为队长，依然可以是团队里最重要的一员。

不管工作的内容是多还是少，我们所背负的责任都是相同的。

如果不能成为一条宽阔的公路，那就做一条柳岸花明的小径。

如果你不是太阳，那就成为星星。

决定你成就大小的，不是你战胜什么或输给什么，而是你能不能成为最好的那个自己。

——道格拉斯·马洛克

✏️ 静心&反思

道格拉斯的这首诗的含义是什么？

_____

_____

_____

_____

_____

_____

_____

这首诗对你有何启发?

_____

_____

_____

_____

_____

_____

触摸天空   抓住星星

44 享用香肠，而不是盘子

"要是眼睛只盯着目的地的话，你会失去欣赏一路景致的雅兴。" ——弗里德里希·威廉·尼采

有12位事业有成的先生邀请他们曾经的小学老师一起吃晚饭。老师很显然非常享受那个晚上，而学生们聚在一起的话题更多的是抱怨工作的压力和没有时间过自己想过的生活。

这时，为了盛放烤好的香肠，老师从厨房里拿出一叠盘子。其中有些是陶瓷的，有些是玻璃和塑料材质的，还有几个是水晶的。有些盘子看起来很廉价，有几个看起来很昂贵。老师招呼他的学生们自己动手盛香肠。

等到所有人都落座、准备开吃时，老师对他们说：

"很显然，你们所有人挑选的都是那些看起来昂贵精致的盘子。那些廉价的盘子无人问津。每个人都想选择最好的那一个，这一点无可厚非。但这也是你们问题和压力的根源所在。其实你们真正要吃的是香肠，而不是盘子。可是不自觉间，你们都选择了最好的盘子，把注意力都集中到盘子上了。"

老师继续说：

"想象一下吧：你们的生活就像是这根香肠，工作和金钱

还有社会地位就像是这些盘子，它们起到的只是辅助作用，帮你生活得更舒服一些而已。但盘子并不能改变你的生活本身，我们反而会因为太在意盘子而错过真正重要的香肠。所以，别再管盘子了，好好享受美味的香肠吧！"

✏️ 静心&反思

你更注重香肠还是盘子呢？

_____

_____

_____

_____

_____

45 向长者学习

*"我们为自己所做的事情，将随着我们的死亡而逝去；而
我们为他人所做的事情，将会永存。"——阿尔伯特·派克*

"过来，我要给你点东西。"祖父对孙子说。

那是12月的一天，祖父的身体已经每况愈下了，所以大家
决定轮流去照看他。

祖父把孙子带到了他的"工作室"，他是这么称呼这个房
间的。在这里他可以一个人安静地工作、读书或者只是独处。
迄今为止还没有别人曾进入这个房间。

屋里摆放着一个巨大的地球仪和一张大木桌。木桌被整理
地很干净，旁边是一个令人印象深刻的书架，里面有几百本藏
书，每一本都干净整齐地排放在橱架上。

屋子中间有一把摇椅，地面上铺的是羊毛呢子的地毯。祖
父给若有所思的孙子看了一本相册，里面有数不清的照片，记
录了老人不同时期的生活。

最后，祖父把一本又老又旧、破损严重的本子塞到孙子的
手里。

"拿着，这是给你的。"他对孙子说，"里面有很多笔记，这

可不是日记，应该说是一本生活记录。我把这辈子学到的东西都记录在里面了。还有那些我经历过的大事件，所有对我来说重要的时刻，都在这里。"

"你最好先花点时间静静读一读，不过你要向我保证会好好保存它，并且将它传给你的下一代。"

一开始，孙子并不十分明白祖父的心意，只是对祖父给予的礼物感到欣喜。直到几天后他一个人待在家里时，才开始阅读这份祖父留下的资料。不过他并没有一页一页地翻阅，而是像看侦探小说（一本以生活为背景的侦探小说）一样浏览了一遍。

当他翻到最后一页时，意外发现了一张表格，标题为"我在生活这场游戏中学到的东西"：

我终于明白……在很多学校里你根本学不到对你有用的东西。

我终于明白……世界上最有效率的学习方法就是找到一个良师益友。

我终于明白……当一个人坠入爱河时，一定无法掩饰。

我还明白了……失败的并不是一个人，而是一件事。失败并非只意味着磨难，更是一次学习的机会，能帮助你成长。失败就是成功之母。

我还明白了……率真的笑容才是最重要的，比起脸上笑容洋溢的人，面无表情者即使想要表达友好也会显得苍白无力。

我还体会到……一个目标一致的团队比一个人孤军奋战更容易达到目标。

我还感受到……生活中一些看似不起眼的日常小事，有时候却能改变一生。

　　我还感觉到……在每一个看似坚强的外表下，往往都隐藏着一颗渴望被爱的心。当你能体谅周围人的心情时，你就可以用别人的眼睛来观察这个世界了！

　　我还学到了一个道理……向知道的比你多的人请教，是获得答案最快的办法。

　　我还明白了一点……如果你打算去报复一个你信任的人，那么你自己受到的伤害也会很大。

　　我还认识到……陌生人之间的结识本就是一种妙不可言的缘分。

　　我还懂得了……笑容是可以打开一扇封闭的心门的钥匙。

　　我还知道……最令人难忘也最有意义的礼物，是一个孩子发自内心地握住你的双手，真挚地对你所做的一切说一声"谢谢！"

　　我还意识到……是学习让生活变得多姿多彩，虽然我不可能学会所有的知识。况且人生短暂，也容不得我找到所有问题的答案，但我希望能一直像一个学生那样不断完善自己的人生。

　　我还知道了……人人都想站在人生的制高点上，但在攀登过程中体会到喜悦和内心的充实感才是最重要的收获。

　　我还知道了……生命并非永恒，对我们来说最宝贵的东西就是时间。我们必须合理利用和分配我们的时间。

最后是这样两句话：

我知道，当我的孙子能把这个本子当成传家宝的时候，我这个祖父就算是功德圆满了。我的孙子会在这个本子上补加一些他自己的人生感悟，并继续传递给下一代。

——*汤姆·休斯*

✎ 静心&反思

你从这则故事中学到了什么？

_____

_____

_____

_____

_____

46 性格裂缝

"用他们应该达到的标准要求他们，并且帮助他们成为他们可以成为的人。"——约翰·沃尔夫冈·冯·歌德

在尘土飞扬的沙漠中住着一个埃及富翁，他有很多佣人终日为其服务。其中一个佣人负责富翁的饮水，每天都要走很多的路到井中打水。每次他都会装满两大桶，然后用一根扁担挑回来。

后来，其中的一只桶有了裂缝，一路上要洒出一半的水。另一只桶依然完好无损。富翁家每天要用六大桶水，所以桶坏了之后这个佣人每天要挑4次水才能完成任务。

那只没坏的桶感到很自豪，认为现在佣人能完成工作都是它的功劳，它常常嘲笑那只破桶。

而有裂缝的桶因为自己的缺陷感到很苦恼，它也很清楚自己已经没办法和另外一只桶一样带回满满一桶水。

就这样过了几年，那只残破的桶终于感到厌倦了，它垂头丧气地对佣人说："我想对你说声抱歉，我没有尽到我的本份，我每次都装不满水，这让我觉得自己很没用，也给你的工作造成麻烦。我本应该帮你做得更多才对。你还是找个新桶替换我吧，让新桶代替我帮你运水吧。"

"我为什么要那么做？"佣人边笑边问它。

"几年来你每天都要到那口井里去打水，可我没有一次能带半桶以上的水回来。害得你每天都要多跑一个来回。换一只桶，你的工作会轻松很多的。"

佣人并没有理会这只可怜的破桶的要求，仍然带着它去打水。

"你别瞎操心了，如果我不当你是我的朋友，或者我认为你没有帮到我，也许我早就把你换掉了。你好好看看我们走过的路边那些美丽的鲜花吧。"

友善的安慰和路边的鲜花，让桶的心情稍微平复了一些。但当它发现又一次只剩下了半桶水的时候，糟糕的感觉再次浮上了心头。于是它再一次请求佣人拿新桶来替代它。

"难道你没看见一路上那些夹杂在草丛中的鲜花么？"佣人问那只桶，"你是否注意到那些花草都是长在路的一边，而不是两边？"

桶不解地问道："是啊，这是怎么一回事啊？"

"很久之前我就注意到了，那些从你身上漏出的水浇灌了这一路上的花草。每天你都会给它们浇四次水，虽然你完全不知情，但全靠你它们才能在这种环境里生存下来。"

佣人继续说："其实，你的缺点我很早以前就知道了，我也想尽全力补救。我会定期采摘一些花回去装饰庭院，这让主人很满意，决定给我加一点工资。这不是很好么？"

我们每个人都有"缺点"，都有性格上的缺陷。没有人是完美的。不管是谁的身上，都会或多或少有几条"裂缝"存在。然而这也是我们生活丰富多彩的原因。我们都应该接受我们有缺陷的事实，并在其中挖掘一些积极的东西。我们每个人的性格中也都有一些闪光点，我们要做的，只是把它们找出来而已。

——取材于某则英语文章，作者不详

✏ 静心&反思

　　你从这则故事中学到了什么？读过之后，你是否打算改变你对自己和他人的看法？

_____

_____

_____

_____

触摸天空 抓住星星

47 学会承认和正确地对待错误

"不要因为犯了错，就觉得自己不可救药。"
—— 乔吉特·莫斯巴赫

我们都是不完美的，我们每个人都会犯错误。之所以会犯错，往往是因为无知或者误判以及缺乏经验。可即便如此，我们依然都希望自己变成完美的人，变成不会犯错的人，无一例外。为什么我们就不能容忍错误呢？错误是我们完善自我过程中必然要经历的，是我们生活中不可缺少的一部分。

只有经历过错误，我们的人生才会向前迈进。而与错误打交道带来的最大好处就是：你能从错误中汲取教训，也能避免再犯同样的错误。

将对待错误的处理方法分成以下四个步骤，可以帮你更好地汲取教训：

1. 认识错误。认识到自己犯了错是最重要的。谁能做到这一点，就相当于成功了一半。

2. 承认错误。这是关键。我们都希望把责任推到别人身上，所以请诚实地承认你的错误吧！

3. 从错误中汲取教训。这是整个过程中最重要的一部分。

比如我能从中学到什么，学会怎么才能避免再犯同样的错误。

4. 忘记错误。汲取完教训，我们就该忘掉错误，而不是把它一直带到梦里。这样你才能睡得香。

四个步骤中，第二个步骤是最困难的一环。承认错误的能力取决于每个人的个性特征和度量的大小，没有什么事情会比你在朋友、队员和同事面前开诚布公地承认错误更能让人对你产生好感了。不过，承认错误并不代表你在示弱，相反，这会体现你坚强而又有担当的性格，使你变得更值得信赖。

作为一个团队领导者，勇于承认错误有时候还能引导下属爆发出更强大的动力。

在我刚走上教练岗位的头一年里，我的球队在前半赛季里遇到了大问题。前11场比赛我们输了10场，排在积分榜垫底的位置，降级的阴影和各种不安情绪在球队里蔓延开来。

后半赛季的第一场比赛，我们在主场对阵排名倒数第二的球队。这场比赛是输不起的，否则我们就几乎要失去保级的可能性了！我的年轻人们在比赛中奋勇拼搏，尽了最大努力，让我们队在比赛结束前10秒还领先2分，并且握有球权。然而，这时候我犯了糊涂，做出了一个极其错误的指示。对方很快就利用了我们的错误，不但抢到了球权而且轻松得到了2分！比赛被迫进入加时赛，我的队员们由于过度失望，没能和对手周旋到最后。

那之后的两个晚上我几乎彻夜难眠，因为我一直陷入深深的自责中。在那次惨痛失利后的第一次训练中，我在全体队员面前做了以下讲话：

"年轻人们，你们表现得很好，你们尽了全力，我为你们骄傲。我相信，如果你们有一个更称职的教练，如果这个教练能做得更好一些，你们在之前比赛中付出的努力一定能得到回报。是我这个教练，在比赛快结束的时候给了大家错误的指导，导致比赛失利，我对此负全部责任！"

一瞬间，整个球队就像被什么东西撞了一下似的，那些被悲观情绪包裹着的队员们也似乎都被我的话吸引了过来。队员们不敢相信似地面面相觑——教练居然承认自己做错了？他以前可从没有这么做过。

队员们向我点头致意，并且表示他们所有人都要为这次失利承担责任。他们对我真诚的致歉表达了敬意，我也凭借这段讲话重新赢得了他们的尊重。

从那一天开始，我们在之后的比赛里就像是换了一个队——我们在剩下的10场比赛中赢了8场。我们再也没有在保级圈中挣扎，甚至差一点战胜了后来获得全国冠军的球队。我们赢下了所有和直接竞争对手之间的重要比赛——无疑这是我们球队团结一致的结果。

我不知道，这个神奇的赛季和那天的讲话有多大关系，这点谁也说不好。

但我知道，那之后我和我的队员彼此都非常信赖对方。

你最大的缺点是什么?

_____

_____

_____

_____

你是如何对待上述缺点的?

_____

_____

_____

_____

48 把自己当成一只鸡的鹰

"心之所至，身方能往之。"——马库斯·奥瑞硫斯

从前有一个叫安迪的农场主，在阿尔卑斯山脚下盖了一个很漂亮的鸡舍。因为他养鸡很有一套，这间鸡舍在附近小有名气。

安迪有一个习惯：晚饭后他会爬到鸡舍附近的土坡上，背对着缓缓落下的夕阳，站在高岗上注视着如茵的草地和他那间美丽的鸡舍沐浴在最后一抹暮色中。

每天他都会这样做，享受那份自然的宁静和美好。直到有一天晚上，他听到有什么东西在身后发出饥饿的叫声。农场主循声望去，原来是一只雏鹰落在了地上。雏鹰的翅膀受了点伤，看起来十分瘦弱，可能是被它的父母给遗落了。很显然，它需要帮助。农场主决定把雏鹰带回农场，等雏鹰康复后再将其放生。

于是雏鹰被安置到了鸡舍里。一开始安迪只喂它流食，不过很快它就能和鸡一样吃饲料了。

雏鹰一天天地长大，变成一只健康的小鹰了，却从来没有

表示出要离开鸡舍的意思。安迪注意到，这只小鹰似乎很享受在鸡舍里的生活，每天都很欢乐地和鸡们一起吃、玩、睡。小鹰看起来对自己的生活很满意，并希望一直这样待下去。它似乎完全没想过自己是一只鹰，而不是一只鸡。

又过了几个月，小鹰已经长大了。有一天，农场主决定选一个日子将鹰放生。他相信只要有一点外力刺激，鹰就能重新飞上蓝天。

到了那一天，安迪把鹰带到了农场外的空地上，将它向空中抛去。鹰张开翅膀使劲扑腾，好像真的要飞向高高的天空了。然而此时它又犹豫了，因为它看了一眼鸡舍。它看到了那些和它朝夕相处的鸡们，回想起和鸡们一起度过的快乐时光。于是鹰立即失去了飞上蓝天的欲望，盘旋了一圈之后，又落到了鸡群当中。

农场主吃了一惊，但并没有就此放弃。他把鹰从鸡舍里抱了出来，再次用尽全身力气把鹰抛向空中。鹰飞了起来，但很快又犯了老毛病——看到了鸡舍、想起了那里舒适的生活。于是鹰又落了下来，回到鸡舍找它的老朋友们去了。

农场主忍不住笑了出来："这家伙真以为自己是一只鸡了……"

他再次走进鸡舍，抓着鹰的背脊把它拎了出来。农场主带着鹰回到自己家里，爬上屋顶，再次把鹰抛向空中。这次他用力很大，甚至拽掉了鹰的几根羽毛。鹰张开翅膀，不一会儿就飞得几乎要消失在农场主的视野里了。

可是，鹰在飞行过程中又看到了鸡舍和鸡们。这次它似乎有点犹豫，所以在空中盘旋了几圈，但随即它还是迅速地从空中俯冲了下来，再次一头扎进了鸡群里。

"我放弃了，"安迪心里想，"这只笨鹰已经把自己当成一只鸡了。"他再也没有将鹰放生的打算了。

但故事并未就此结束。几天后，有一个陌生人路过农场。他看到一只鹰混在一群鸡当中，感到很诡异。安迪将事情的来龙去脉告诉了陌生人。陌生人听完后说："我想我知道怎么让它离开这里，让我试试吧。"

陌生人的话中透着一股自信，让安迪有些好奇："祝你好运，不过我得提醒你，这家伙已经把自己当成一只鸡了。"

陌生人走进鸡舍，小心翼翼地把鹰抱了出来，夹在胳膊下面，然后带着它向山顶走去。

任何人都能想象得出来，登山是一件多么不容易的事情，更何况胳膊底下还夹着一只鹰。向上攀登的每一步对陌生人和鹰来说都是既危险又刺激的挑战。就这样，陌生人带着鹰走过狭窄的山路，跨过陡峭的岩壁，穿过茂密的丛林，趟过湍急的河流。几个小时后，开始下起雨来，豆大的雨点从天而降。陌生人浑身湿透，冻得瑟瑟发抖，但他并没有因此放弃。整整一天一夜，他带着鹰不断向山顶攀登。当晨曦微露的时候，他和鹰终于到达了阿尔卑斯山的山顶。

顶峰的风景是如此的壮丽！陌生人凝视着旭日映射下纯净而又泛着橘黄色光芒的天空，手里托举着那只鹰。他看着鹰的眼睛，用坚定而又自信的声音说："你是一只鹰！张开翅膀去飞吧！你是属于这天空的！"随即他用力地将鹰抛向了天空，并且继续大喊："你是一只鹰！张开翅膀去飞吧！你是属于这天空的！"

鹰飞了起来，这时它又犯了老毛病，开始寻找鸡舍。但这一次它没有找到。鹰开始焦急地在空中盘旋，寻找鸡舍和它的鸡兄弟们，但始终什么也没找到。现在鹰该怎么办？

正当鹰无所适从的时候，突然有一种前所未有的奇妙感觉。它感受到了翅膀下面风流动的力量，新鲜的空气不断拂过它的面颊。

于是在这广阔的天地间，鹰突然领悟到：在那看似没有边际的地平线之上，它的生活从此将再也没有界限。它的翅膀可以带它去任何地方，它的生活因此将充满无限的可能！一种难以形容的兴奋、力量和自由感开始在它身体中急速涌动。

这是一种在鸡舍里永不可能拥有的感受，一种无拘无束的感觉！

此时，陌生人的呼喊穿过风雨传到了鹰的耳朵里："你是一只鹰！张开翅膀去飞吧！你是属于这天空的！"鹰顿时明白了陌生人那句话的意思，它要过的是一种和鸡们完全不同的生活——它可以成为天空的主宰者！

于是鹰飞到陌生人面前，抖动翅膀，仿佛是在表达谢意。当陌生人也要向它致意的时候，它却已经如闪电般消失在了晨曦之中。这一次，鹰在没有任何外力刺激的情况下，越飞越高，高到几乎要消失在天空中了。

那之后，陌生人和鹰都没有再回到农场。直到有一天傍晚，安迪照旧在土坡上欣赏自己的庄园和天边的美景时，突然感到一阵风拂过。他似乎听到从远处山峰那边传来一阵充满善意的啸声，那声音仿佛在说："谢谢你的帮助！自由的感觉真好！"安迪循声望去，山顶上的天空中，依稀有一只苍鹰在空中盘旋。

这是这个故事的结局。但对现实生活中的我们来说，这似乎只是一个开始。

你是否也准备好了在乏味的生活中追求一些看似不可能实现的目标呢？我希望答案是肯定的。但在你要开始不一样的人生之前，有一些准备工作是必须要做的。首先你要有一个可以将理想转变为现实的计划。然后，你要有一定要实现目标的坚定信念，否则一旦遇到障碍或者麻烦时你就会不自觉地想要去寻找那个属于你的舒适的鸡舍。

每当你面对挑战的时候，回想一下这个故事。不论在什么领域里，想要获得成功，你都要相信自己可以做到，并且要求自己必须做到。如果你想要成为你想成为的人，那么千万不能像一只鸡那样。你要告诉自己：我是一只鹰，要像鹰那样去思考、去感受。

还有一点是你必须要知道的：你在人生路上遇到的像鸡一样思考的人的数量，远远要多于像鹰一样行动的人。所以如果你想要一直飞得很高，时刻记住以下两点：

信条1：无视那些鸡！

信条2：追随那些鹰！

记住：你是一只鹰！张开翅膀去飞吧！你是属于这天空的！

——斯坦·凯尔纳

✎　**静心&反思**

读完这则故事，你有何感想？

_____

_____

_____

_____

49 你心中的沙漏

"当你遇到足以改变你一生的选择时，好好想一想，然后再做决定。"——约翰·伍登

米夏埃尔·施耐德是一位很成功的职业经理人。他是一个典型的职场精英，年纪轻轻就身居要职，在公司里备受尊敬且收入颇丰。但他的工作也非常非常辛苦，以至于只能抽出很少的时间陪伴自己的妻子和孩子。

后来，施耐德先生经历了一件事情，这件事完全改变了他对人生的看法。

有一次，施耐德先生和很多同行（其中不乏一些业内的顶尖人才）一起参加了一个培训课程。培训进行得很顺利，施耐德先生也觉得学到了很多有用的新东西，有助于他未来在职场上取得更大的成就。

培训的最后一项是一个讲座。主讲人是一位年纪很大的老者，主题非常普通，因此施耐德先生不是很感兴趣。他觉得听得差不多了，重点的内容也已经掌握了，相比之下他更关心自己的返程旅行有哪些安排。

当讲座进入尾声时，主讲人突然话锋一转，要给大家讲一

触摸天空　抓住星星

个"1500颗鹅卵石的故事"。

施耐德先生的注意力不自觉地被吸引了过来。

"这堂课快结束了,所以我想给大家讲一个故事。"主讲人对坐在下面的学生们说。

施耐德先生很好奇地想听他讲些什么。

主讲人娓娓道来:

我要给你们讲述的,是我的亲身经历。我给这个故事取了个名字,叫"1500颗鹅卵石的故事"。

故事发生的时候,我还只有46岁。我的眼里只有工作,整天、整月、整年都在埋头工作。我只想着如何在工作上有所建树,其他的一切我都不放在心上。

直到有一天,我坐在书桌前,玩了一个算数游戏。

如果一个人的平均寿命是75岁,当然有的人可能活得更久些,有的人则会更短些。但平均下来差不多是75岁。

今天是星期天,我记得我坐在桌子前玩这个游戏的时候也是星期天。但我很少把周末的时间和家人分享。一年有52周,如果我能活到75岁,那么我一共会有3900个星期天。

3900个!一个人一生只有3900个星期天,只有3900个!好,请仔细听我下面要说的,这才是这个故事的核心内容!

当时我已经46岁了,可我才意识到这一点,也就是说,我已经度过了2400个星期天了。不管我是挥霍了还是浪费了,这些日子都一去不复返了。

然后我得出以下结论：如果我能活到平均寿命的话，我还有1500个星期天可以享受。

　　于是在下一个星期天，我决定带我的两个儿子出去郊游。我们一路收集了1500颗鹅卵石，我把它们放在地下室里一个巨大的、透明的桶中。我仔细数过，1500颗，一颗不多，一颗不少。我把这个桶藏在了一个其他人都不知道的地方。

　　那之后每个星期天的早晨，我都会第一个起床，然后到桶里拿出一块石头，扔到窗外。这代表着我又失去了一个星期天。

　　也是从那天开始，我也意识到了我该如何去生活。当你看到石头慢慢地、持续地减少，你会开始把注意力集中到最重要的事情上来。因为你会发现我们的人生沙漏里的沙子在不断流失，也会知道这个沙漏终有流尽之时。所以我的生活重心也因此彻底改变了。

　　在这堂课结束之后，在我和我的妻子一起去吃饭之前，我最后还要告诉诸位一件事情：就在上周日，也就是一周前的今天，我扔掉了桶里最后一块石头。所以今天我已经是这个世界上最幸福的人了，我觉得我仿佛只有40多岁。知道为什么吗？因为和大多数人比起来，我得到了更多的时间，这让我很感恩。我们怎么可以不好好利用这额外得来的馈赠呢？所以诸位，请试试看，协调好工作和生活的关系，不要让某些事情变成压倒一切的存在。

我要说的都说完了，可以下课了。如果我有幸还能继续得到这份馈赠的话，或许我们将来还有见面的机会。

教室里一片寂静。人人都陷入了沉思。

施耐德先生也在回味中踏上了回家的旅途。就在离家不到一千米的时候，他拨通了妻子的电话：

"嗨，亲爱的。我就快到家了。穿上你最喜欢的衣服吧，我想带你和孩子们出去吃饭！"

"哇哦！亲爱的，这可真是个惊喜啊！"妻子回答的声音有些兴奋，"你今天是怎么了？"

"没什么，我只是觉得我们很久没有一起度周末了……对了，吃完饭，我们一起散步，捡几块鹅卵石怎么样？"

——改编自杰夫·戴维斯的英文小说《1000块大理石》

✎ 静心&反思

计算一下你已经度过了多少个星期天，还有多少个在等着你？

_____

_____

_____

_____

_____

接下来的星期天你打算如何度过?

_____

_____

_____

_____

触摸天空　抓住星星

50 卷末语

"我自己的想法才是决定我人生走向的关键。"
——克里斯蒂安·比绍夫

  我单膝跪在替补席前面的那块场地上，希望这一切都只是个噩梦。然而这梦已经变成了苦涩的事实。这一整个赛季的努力就这样付诸东流了么？整个赛季我的球队未尝一败，杀入决赛。然而在争夺德国冠军的决赛里我们却整场都被对手压制——不，比被压制更糟糕。对一只篮球队，特别是一只一周前刚刚夺得南德意志冠军的篮球队来说，这简直就是耻辱。

  离比赛结束还有5分钟时，记分牌上的差距就已经被拉开到20分。队员们还没死心，他们仍然竭尽全力在球场上拼搏，拼到了最后一秒，就像这场比赛关乎他们的生命一般。

  比分牌上的差距虽然在不断缩小，但终究无法改变我们落败的事实。

  随着终场哨响，我的情绪也在刹那间跌入了谷底。这个赛季的历程就像一部紧张刺激的电影一般在我眼前闪过：整整一年我都在努力实现我的目标，那就是让球队成为全国冠军。我并没有像一般的教练那样训练球队，而是希望用真心和积极的感情去影响队员们，我希望他们每个人都能通过努力得到属于自己的机会，并且在赛季结束时能享受到冠军带来的那种无法形容的美妙滋味。

这一年虽然也有不少起伏，但总的来说我们的表现还是向上的。

球队很快就形成了一种互相信赖、斗志顽强的团队精神，也开始以不可阻挡的态势向着全国冠军的目标发起了冲击。

我们一起为在国内外比赛取得的胜利欢欣鼓舞，一起克服内心的低潮期，一起面对挫折和困难，一起寻找解决办法，一起哭，一起笑。有时候我们一起互相开玩笑，有时又一起谈论严肃的话题。每个人都很享受这一路走来的旅程——大家同坐一条船，每个人都为团队取得的成绩贡献了自己的力量。因为我们有一个共同的目标——德国冠军！

可是现在呢！在输掉比赛的那一刻，我觉得我的心碎成了一千块。有些队员也忍不住哭了出来。就在这时，发生了让我至今难忘的一幕：我的一名队员，一向乐观积极的迈克尔·拉赫曼向我走了过来，紧紧地拥抱了我，并且看着我的眼睛说："谢谢，教练，谢谢你这个赛季的努力工作！"

这句简单的感谢，像止痛膏一样涂抹在了我的心上，温暖了我的灵魂。是的，我们已经尽力了……我们一直都很努力，我们为实现目标尽了我们最大的努力。这已经是成功了！

实现目标不是我们唯一的目的，实现目标的过程也许更有意义。这个过程同样可以成为难忘的回忆，包括那些挫折和失败。在生活中起决定作用的并不一定是那些已经发生了的事情。有些结果本身并不能影响我们，关键在于我们如何去面对这样的结果。

第二天早晨，我又收到了那个队员发来的短信。我永远不会忘记我看到那条短信时的那一刻，那个瞬间也会永远留在我心里：

"嗨，教练，谢谢你带给我们如此辉煌的赛季！谢谢你帮我度过了低潮期并一直支持我。你是最好的教练！"

用心对待你周围的人，你一定也会得到相应的回报。

——本书作者：克里斯蒂安·比绍夫

克里斯蒂安·比绍夫是一名出色的职业篮球运动员和教练员，曾在德甲联赛效力16年，退役后又在联赛中担任主教练一职长达25年。时至今日，他已转型成为一名蜚声（德国）国内外的个性塑造和成功学的训练专家。克里斯蒂安·比绍夫的"青少年品格塑造训练法"学习课程风靡德国各地、成效卓著。

做最好的自己

独立的思想
是人生境界的决定性因素
为了实现我至今尚未实现的目标
我必须做一些至今尚未做过的事情

分享你的知识
我们大家可以互相学习

寻找成功的机会
其实它无处不在

提升你自己的能力
多看到你周围人的优点
多相信别人的善意

帮人建立自信
好过贬低他人

提升你的能力
学会看到别人的天赋
这是一门很有用的艺术！

帮助别人，相信自己
对自己要有充分的自信
他们才会因为你的信任而变得更强

多用"我们"代替"我"
对别人一视同仁
做一个积极的表率

如果你一直做别人都在做的事情
那你也只会变成和别人一样的人

要做一个不一样的人
但不要做一个不守原则的人

跟随那些比你更伟大的人

做那些让你看起来与众不同的事情
去干吧！

制订目标
相信自己
然后朝着目标努力

一旦开始就要勇往直前
充满狂想和热情

遵从你的心
听从你内心的声音

不要虚耗光阴去等待灵光一现的时刻
现在就开始行动，灵感自然会找上门来
一旦开始做一件事情
就不要让任何人阻止你实现梦想

永远不要失去清醒的头脑

不要嘲笑别人的梦想

不要只顾对自己犯的错误说抱歉
要勇于承担全部的责任

　　　　触摸天空　抓住星星

当你得到想要的结果时
尽情庆祝

不要满足于中庸
要挑战自己的极限

信守诺言

做一个正直的人

不要扼杀任何一个创意

不要做爱发牢骚的人
要做一个有想象力的人

帮助那些能正视自己的人
帮他们变得更好

干脆的性格比厚厚的支票簿更重要
学会看开
学会看到事物积极的一面

多花点时间提升自己
这样你就没有时间去对别人评头论足了

时刻牢记要为自己的言行负责！

学会宽恕和原谅

有些时候不能太感情用事

即使一切运转正常时也不能放松警惕

凡事都要尽最大努力

只有当你学会说"不"时
你才能在说"好"时游刃有余

不要为自己的信条感到羞愧

不要一直沉浸在自己的世界里
否则你可能会错过美妙的乐曲

　　　　触摸天空　抓住星星

别人或许可以活得稀里糊涂
但你不可以!

别人可以对细节大大咧咧
但你不可以!

别人可以因为遇到困难而放弃
但你不可以!

别人可以将自己的未来交与他人决定
但你不可以!

你只有一次生命
我也是如此!

——你的克里斯蒂安·比绍夫

触摸天空　抓住星星